गीता

एक चिकित्सकीय दृष्टिकोण

डॉ. श्याम सखा 'श्याम'

सत्साहित्य प्रकाशन, दिल्ली

प्रकाशक : सत्साहित्य प्रकाशन,
694 (पहली मंजिल), चावड़ी बाजार, दिल्ली–110006
 / संस्करण : प्रथम, 2023 / मूल्य : दो सौ पचास रुपए
आवरण चित्र : आयत मिर्जा कवर परिकल्पना : डॉ. श्याम सखा 'श्याम'
मुद्रक : आर–टेक ऑफसेट प्रिंटर्स, दिल्ली ISBN 978-93-92573-05-7

GITA EK CHIKITSKIYA DRISHTIKON
by Dr. Shyam Sakha 'Shyam' ₹ 250.00
Published by **SATSAHITYA PRAKASHAN**
694 (First Floor), Chawri Bazar, Delhi-110006

अभिमत

गीता : एक चिकित्सकीय दृष्टिकोण

अध्याय-1

पुस्तक के इस प्रथम अध्याय में 'धर्म' शब्द की विशद व्याख्या है। जैसे अनासिर अर्थात् पाँच तत्त्वों को शब्दों में बाँधना बहुत ही मुश्किल है, वैसे ही 'धर्म' शब्द को परिभाषा में बाँधना इसलिए मुश्किल है कि इस शब्द का अर्थ अलग-अलग मनुष्यों और मानव समूहों को अलग-अलग प्रकार से समझाया गया है। इस संसार में माना यह जाता है कि मनुष्य सबसे शक्तिशाली है, लेकिन वस्तुत: 'धर्म' सबसे बड़ी शक्ति होने का दावा कर सकता है। धर्म की व्यापक मान्य पुस्तकें दुनिया की दो सबसे बड़ी ताकतें हैं। धर्म एक समेकित विश्वास तंत्र होता है, जिसमें कथाएँ, व्यावहारिक अनुपालन और अनुयायी पर सामाजिक समूह का दबाव शामिल होता है। उस परिप्रेक्ष्य में यह कहा जा सकता है कि अनुमोदन और वर्जना सहित जीवन का समय बिताने के दिशा-निर्देशों के अनुपालन का नाम धर्म है, लेकिन लेखक ने ऐसे अनुपालक मानव समूह को धर्म न कहकर समाज कहा है—

हिंदू, मुसलिम, ईसाई, सिख समाज है, धर्म नहीं।

लेखक ने 'धर्म' शब्द को उसके गहन निहितार्थ में तलाश किया है, अर्थात् समष्टि में जो भी गोचर है, वह प्रकृति की ही निर्मिति है, अत: मनुष्य

भी प्रकृति की ही निर्मिति है और उसका व्यक्तिगत या सामूहिक आचरण भी प्रकृति निर्दिष्ट होना चाहिए। अत: लेखक के निष्कर्ष धर्म के बारे में—

असल में, धर्म तो प्रकृति धर्म ही है; धर्म शायद बेहतर जीना या बेहतर जीने का ढंग या तरीका हो सकता है; और मानव धर्म-मानव का सही अभ्रष्ट स्वभाव है। सार संक्षेप यह है कि धर्म प्रकृति द्वारा निर्मित मनुष्य की आचरण शैली है, जिसके उद्देश्य मानव कल्याण परक होने चाहिए।

अध्याय-2

शास्त्र चर्चा में एक विशिष्ट शब्दावली शामिल है और इस शब्दावली में मन, यज्ञ, योग, उपासना, उपवास जैसे शब्दों का व्यापक प्रयोग किया जाता है। आगे चर्चा को सुगम और सरल बनाने की दृष्टि से इन शब्दों के निहितार्थ स्पष्ट किए गए हैं। यथा—'मन' हमारे विचार तंत्र की क्षमता है, किसी कार्य विशेष हेतु जीवन की शक्तियाँ केंद्रित करना 'यज्ञ' है, 'योग' आध्यात्मिक मिलन को कहते हैं, लेकिन वर्तमान में शारीरिक व्यायाम, प्राणायाम एवं ध्यान के रूप में इसे परोसा जा रहा है। मन का एकांत 'उपवास' है और प्रभु के पास एकाग्र होकर बैठना 'उपासना' है। गीता के मौलिक विभाजन हम कर्मयोग, भक्तियोग और ज्ञान योग के रूप में कर सकते हैं। अत: किसी भी दिव्य या वैदिक चर्चा को उसके उपयुक्त निहितार्थ के साथ समझने के लिए उसमें प्रयुक्त होनेवाली शब्दावली का सम्यक् संज्ञान होना आवश्यक है। आइए, इन प्रचलित वैदिक शब्दावली को समझने के लिए अध्याय दो में उतरते हैं।

अध्याय-3

गीता का मर्म समझने के लिए तत्कालीन राजनैतिक और सामाजिक स्थिति को जानना समुचित होगा। जैसे प्रथम और द्वितीय विश्वयुद्धों के प्रकट कारण और प्रच्छन्न कारण अलग-अलग हैं। इन युद्धों के पीछे लंबे अरसे की वैश्विक अराजकता और विभिन्न राष्ट्रों के पारस्परिक संबंधों की दीर्घकालीन दुरूहता भी उतनी ही प्रासंगिक और महत्त्वपूर्ण है। महाभारत युद्ध के प्रथम

दिवस भगवान् कृष्ण द्वारा अर्जुन को सन्निहित युद्ध की अनिवार्यता का बोध कराने के पीछे कुरुवंश का अतीत और तत्कालीन व्यवस्था के नैतिक पतन की भी उतनी ही भूमिका है। ययाति की भोगलिप्सा में पुरु का समर्पण और शांतनु के लिए भीष्म का त्याग दोनों तत्कालीन व्यवस्था के लिए रुग्ण और असमर्थ उत्तराधिकारी लेकर आए, जिसके बाद शासन दुरूह होता गया। इस दुरूहता ने उत्तराधिकारियों में हठ, छल और वैमनस्यता को जन्म दिया, उनके द्वारा नैतिक पतन की पराकाष्ठा लाँघ जाने के बाद तत्कालीन विश्व दो घटकों में विभाजित होकर युद्ध के लिए उद्धत होकर खड़ा हो गया। भगवान् ने अगर कहा था कि···'यदा यदा हि धर्मस्य ग्लानिर्भवति भारतः' इसके अर्थ यही हैं कि धर्म का उस सीमा तक पतन हो चुका है कि ईश्वर को अवतार लेना पड़ा है।

अतः महाभारत युद्ध की पृष्ठभूमि की इन घटनाओं को जान लेना और समझ लेना उचित होगा। आइए अध्याय तीन में चलते हैं।

अध्याय-4

गीता में अठारह अध्याय हैं। महाभारत में अठारह पर्व हैं, महाभारत में दोनों पक्षों की कुल मिलाकर अठारह अक्षौहिणी सेना थी, महाभारत के अठारह प्रमुख सूत्रधार थे और यह युद्ध अठारह दिनों तक चला। क्या इस अंक का कोई रहस्य है? न्यूमरोलॉजी के चाहने और माननेवालों को उसमें अभिरुचि हो सकती है, लेकिन न्यूमरोलॉजी से भी इतर चूँकि लेखक एक जाने-माने चिकित्सक भी हैं, अतः अठारह का एक चिकित्सकीय पहलू भी है, जिस पर दिलचस्प संवाद किया जा सकता है। आइए, इस रोचक संवाद का आनंद अध्याय चार में लिया जाए।

अध्याय-5

गीता में सामान्य से अधिक प्रयुक्त शब्दों, यथा—धर्म, कर्म व ईश्वर साधु और दुष्ट के मूलार्थ क्या हैं?

'अहं ब्रह्मास्मि' का सरल अर्थ क्या है?

गीता में कहा गया है कि शरीर रूपी यंत्र में ईश्वर सबके हृदय में स्थित है, इसका मर्म क्या है?

ज्ञान-प्राप्ति की घटना के चिह्न मनुष्य में कैसे गोचर होते हैं?

महर्षि उद्दालक का बेटा श्वेतकेतु ज्ञान लेकर घर लौटा तो पिता ने उसका अभिमान देखकर पूछा कि जिसको जानकर सबकुछ जान लिया जाता है, उसे तूने जाना या नहीं? श्वेतकेतु ने पूछा कि किसको जानकार सबकुछ जान लिया जाता है? बाप ने पूछा, "तूने स्वयं को जाना, जिसे जानने से सब जान लिया जाता है?"

श्वेतकेतु के अलावा सत्यकामजाबाल की कथा भी ज्ञानी की अर्हता को समझने में सहायक हो सकती है।

वस्तुतः ज्ञान और अध्यात्म की समस्त यात्राएँ अपने मूल केंद्र की ओर वापस जाने की अनंतिम पैरवी करती हैं।

आइए, उपरोक्त रोचक प्रश्नों और संदर्भों को अध्याय पाँच में गीता के परिप्रेक्ष्य में देखा जाए।

अध्याय-6

मनुष्यों के किसी भी समाज को स्वभाव और कर्म के आधार पर चार भागों में बाँटा जा सकता है—राजनेता, बुद्धिजीवी (जिनमें डॉक्टर, वैज्ञानिक आदि भी शामिल है), वाणिज्यिक गतिविधियोंवाले और कामगार। इस नैसर्गिक विभाजन को गीता में 'चतुर्वर्ण व्यवस्था' कहा है। इससे मिलते-जुलते वर्गीकरण आधुनिक विद्वानों के भी हैं।

गीता में 'कर्म' शब्द बहुत अधिक प्रयुक्त हुआ है, जबकि 'धर्म' शब्द अपेक्षाकृत कम प्रयुक्त हुआ है। कुछ अध्यायों में यह 'धर्म' शब्द नितांत अनुपस्थित भी है, परंतु धर्म शब्द अपने संपूर्ण विभव में और 'कर्म' शब्द अपने संपूर्ण वैभव में गीता में प्रयोग किया गया है।

गीता वस्तुतः मनोविज्ञान की पुस्तक है। जब अर्जुन की अनुशासित और विरक्त चेतना पर उसका मोह अधिकार करने लगता है तो श्रीकृष्ण समझ

जाते हैं कि अर्जुन अपने श्रेय और स्वभाव से उत्पन्न कर्म से पलायन कर रहा है। ऐसे समय मनुष्य विभिन्न पांडित्यपूर्ण तर्कों द्वारा अपनी बात को बल देने का प्रयास करता है। अर्जुन द्वारा युद्ध के दुष्परिणामों का हवाला देते हुए युद्ध करने की असमर्थता व्यक्त करने पर श्रीकृष्ण प्रकृति द्वारा प्रदत्त स्वभाव से उत्पन्न कर्मों की अनुशंसा करते हैं। स्वभाव से उत्पन्न कर्म की सार्थकता के संबंध में गीता के अनेक श्लोक हैं।

इनके साथ ही इस अध्याय में हरिराम सुनार और रँगे सियार के कथानक के हवाले से भी भी विचार को रोचक तरीके से समझाया गया है।

आइए, उपर्युक्त संदर्भों की विशद, शोधपूर्ण और तथ्यपरक व्याख्या अध्याय 6 में गुजरकर देखते हैं।

अध्याय-7

मनुष्य अन्य प्राणियों से शारीरिक चेष्टाओं में श्रेष्ठ नहीं है, उसे अन्य प्राणियों से श्रेष्ठ इसलिए कहा जाता है कि मनुष्य अपनी मृत्यु का संज्ञान रखता है। और इस मृत्युबोध ने मनुष्यों के एक वर्ग को अमरत्व की खोज की ओर उन्मुख किया और दूसरे को अत्यधिक साधन संचय की ओर भी। अमरत्व की खोज ने संसार के अनेक धर्मों को जन्म दिया है और संचय की वृत्ति ने मनुष्य के सहवास करने की अधिकारी प्रवृत्ति से जुड़कर साम्राज्यवाद के कारकों, अतिक्रमण को और मानवता के दमन की वृत्ति को जन्म दिया।

इसके अतिरिक्त अगर हम मनुष्य के शरीर विन्यास को अच्छे से समझें तो आदमी की खोपड़ी समस्त प्राणी जगत् में इसलिए विशिष्ट है कि इसमें प्रमस्तिष्क भी पाया जाता है। प्रमस्तिष्क पशुओं में नहीं होता और इसी के कारण मनुष्य में प्रज्ञा और विवेक बुद्धि जैसी शक्तियाँ होती हैं। इसी प्रमस्तिष्क के कारण मनुष्य ने विवाह जैसी संस्था और नैतिक मूल्यों का निर्माण किया है। प्रमस्तिष्क ने मनुष्य को विचार करने की शक्ति प्रदान की है। विचार ने ही उसे कामना दी है और कामना ने ही उसे सुख-दुःख का बोध दिया है।

कामना ने उसे लोभी बनाया और लोभ के कारण ही वह प्रकृति का अतिक्रमण करने लगा है।

इसका दूसरा पहलू यह है कि मनुष्य की विचारशक्ति ने ही उसको चिंतक, वैज्ञानिक और मानवी सहिष्णुता के अनेक आयाम भी दे दिए हैं, जिनके कारण वह मनुष्यता के हित के निर्माण भी करने में समर्थ हुआ है।

अध्याय सात में उपरोक्त की समीचीन, तार्किक और रोचक व्याख्या की गई है, जो सहज और बोधगम्य है।

अध्याय-8

गीता वस्तुतः मनोविज्ञान की पहली और अनंतिम पुस्तक है। गीता में कृष्ण सारथी हैं और अर्जुन का दिशा-निर्देशन वही कर रहे हैं। यह एक प्रकार का संकेत है। इंद्रियों का राजा मन इंद्रियों को अपने अनुसार चलाता है और यह मन ही मनुष्य का सारथी है। गीता में मन को वश में करने के अनेक उपाय बताए जाएँ, जो गहन और रहस्यमय हैं, परंतु अनुपालन करने में बेहद आसान और सुविधापूर्ण हैं। कामना और संकल्प दोनों के ही कारण कर्म उत्पन्न होता है। और कर्म के भेद होते हैं—कर्म, अकर्म और विकर्म। निसर्ग निष्ठा से उत्पन्न कर्म गीता में अनुमन्य हैं। कामनाग्रस्त कर्म विकार, पाप-पुण्य दोष और जन्म-मृत्यु भय को उत्पन्न करनेवाला होता है। और वह कर्म आरोही-अवरोही मनःस्थितियाँ उत्पन्न करनेवाला होता है। इसके अतिरिक्त मन को प्रभावित करनेवाली हमारी जीवन-शैली में आहार भी एक मुख्य भूमिका निभाता है। नैसर्गिक आहार को सात्त्विक आहार कहा गया है। बासी, उच्छिष्ट, कड़वा, लवण युक्त आहार राजस और तामस वृत्ति की ओर संकेत देते हैं। गीता में निष्काम कर्मयोग को जीवन का मूल मंत्र इसलिए बताया गया है कि इसमें कर्म निर्दोष रहता है और चेतना अपने मूलाधार परम तत्त्व के साथ रहती है, यही मुक्ति का मार्ग है। आठवें अध्याय में गीता में मन को वश में करनेवाले श्लोकों की अति सुंदर समीक्षा की गई है और संकल्प तथा कामना से उत्पन्न कर्म तथा निर्दोष कर्म का भी सुंदर विवेचन प्रस्तुत किया गया है। आइए पढ़ते हैं अध्याय 9।

अध्याय-9

श्रीमद्भागवत गीता के कथानक में चार पात्र हैं—श्रीकृष्ण, अर्जुन, संजय और धृतराष्ट्र। धृतराष्ट्र अंधे हैं और संजय के पास दिव्य दृष्टि है। यह युगल अपने निहित अर्थ में बहुत-कुछ कहता है। गीता ज्ञान योग, भक्ति योग और कर्म योग की समीचीन व्याख्या करती है और सांख्य दर्शन इसके मूल परिप्रेक्ष्य में है। हमारे अस्तित्व की समीक्षा यह है कि यह स्थूल देह का पिंड, इंद्रिय, मन, बुद्धि अहंकार और सार्वभौम आत्मा के समुच्चय के रूप में परिभाषित किया जा सकता है। इस पुस्तक के लेखक के अनुसार, सांख्य दर्शन को आदि शंकराचार्य और मंडन मिश्र के संवाद के माध्यम से बहुत अच्छे से समझा जा सकता है।

चार वर्ण वस्तुतः क्या हैं?

मनुष्य लोक क्या है?

तीन गुण क्या हैं?

क्योंकि हमने अधिक-से-अधिक वर्णों गुणों और दर्शनों के नामकरण सुने हैं या कुछ सीमा तक इन्हें समझा भी है, परंतु इनके वास्तविक अर्थ गूढ़ और गहन हैं। सुना-सुनी के बजाय देखा-देखी की बात प्रामाणिक होती है। 'तथा गंतासि निर्वेदम श्रोतव्यस्य श्रुतस्य च…' कृष्ण अर्जुन से कहते हैं कि मोह रूपी दलदल से पार होने के बाद ही तेरी बुद्धि वेद में कहे हुए को समझ पाएगी।

इस पुस्तक के अंतिम अध्याय में गीता के मूल अर्थ को समझने के लिए जिन शब्दों, जिन दर्शनों, जिन मान्यताओं और जिन रूपकों को समझना आवश्यक है, उसे स्पष्ट करने का भरसक और प्रभावशाली प्रयास किया गया है।

एक सामान्य पाठक के सुनने और पढ़ने के धरातल को समझकर उसके अनुकूल भाषा गणना और उसके अनुकूल रूपक तथा संदर्भ बनाना लेखक का बेहद प्रशंसनीय कार्य कहा जा सकता है। श्याम सखा 'श्याम' जी के

महती और निर्दोष प्रयास को श्लाघनीय प्रयास कहा जाए तो कोई अतिशयोक्ति नहीं होगी। गीता की एक रोचक और संपूर्ण समीक्षा जैसा है, यह इस पुस्तक का अंतिम अध्याय नौ।

—मयंक अवस्थी
बी–11, भारतीय रिजर्व बैंक अधिकारी,
आवास तिलक नगर,
कानपुर–208002

अपनी बात

गीता का जन्म होता है अर्जुन के द्वंद्व से संशय से; महाभारत आरंभ होने जा रहा है और महाबली विश्व का सबसे श्रेष्ठ धनुर्धर भगवन कृष्ण के सामने गांडीव रख कहता है, "प्रभु, मैं स्वयं को युद्ध हेतु तैयार नहीं कर पा रहा हूँ।" सभी को चिंता होनी थी। चिंता यानी आज की भाषा में स्ट्रेस तो आज प्रभु मनमोहन के गीता सूत्र को समझने से पहले इस स्ट्रेस को समझते हैं। गीता को लगभग सभी विद्वान् दर्शन शास्त्र कहते हैं, शायद ही कोई इसे धर्म शास्त्र कहता हो। हालाँकि दर्शन फलसफा से कुछ अलग होता है, लेकिन अनेक लोग इसे भी फिलॉसफी ही मानते हैं और फिलॉसफी वे विचार होते हैं, जो अभी विचार ही हैं, उन्हें वैज्ञानिक आधार पर परखकर सिद्ध या गलत ठहराया जा सकता है। तो मैं भी गीता को विज्ञान की एक शाखा चिकित्सा शास्त्र के आधार पर समझकर पाठकों के सामने अपने विचार रखने का प्रयास करने जा रहा हूँ।

LIFE'S GREATEST PROBLEM IS THAT THE FOOLS ARE ALWAYS SURE THAT THEY ARE ALWAYS CORRECT, WHERE AS WISE PEOPLE KEEP PONDERING HAS THEY NOT BEEN WRONG.

अर्थात् मूर्ख को अपने निर्णय के/विचार के सही होने का शत-प्रतिशत विश्वास होता है, वहीं बुद्धिमान सदैव द्वंद्व या दुविधा में पड़ा रहता है। महाभारत भी ऐसे दो व्यक्तियों के बीच फँसकर गीता के जन्म का कारण बनी है। एक ओर अपने निर्णय से पूर्ण आश्वस्त है कि लड़ना ही है, चाहे जो हो जाए। वह पांडवों को निर्बल/कमजोर नहीं आँकता, लेकिन अपने निर्णय पर

अडिग है। यह बात गीता के प्रथम दस पृष्ठ से भी पाठक जान लेगा। दूसरी तरफ उस समय विश्व का सबसे बड़ा धनुर्धर अर्जुन दुविधाग्रस्त है। वह न लड़ने के बहाने ढूँढ़ रहा है, यानी एक जोश में है, दूसरा होश में। जोश का संबंध मन या दिल से होता है और होश का संबंध मस्तिष्क से। लेकिन मन को कंट्रोल करनेवाला भी तो मस्तिष्क है। यानी सारथी मस्तिष्क है, घोड़े मन हैं। तभी तो श्रीकृष्ण युद्ध में लड़ते नहीं, बस सारथी बन जाते हैं।

—डॉ. श्याम सखा 'श्याम'

अनुक्रम

अध्याय-1

तनाव और गीता का संबंध

सुंदरता एवं स्वास्थ्य का चोली-दामन का साथ है।

स्वास्थ्य की परिभाषा : विश्व स्वास्थ्य संगठन के अनुसार, "शारीरिक, मानसिक व सामाजिक रूप से स्वस्थ होना ही पूर्ण रूप से स्वस्थ होने की निशानी है। कोई व्यक्ति कितना ही सुंदर क्यों न हो, अगर वह तनाव में है तो तनाव के चिह्न चेहरे की मलिनता से दृष्टिगोचर हो ही जाते हैं।" एक फिल्मी गीत इस बात को बड़ी खूबसूरती से व्यक्त करता है—'लाख छुपाओ छुप न सकेगा राज हो कितना गहरा, दिल की बात बता देता है असली-नकली चेहरा।'

तनाव न केवल सुंदरता पर विपरीत असर डालता है, अपितु कई रोगों को भी निमंत्रण दे देता है। आइए जाने कि तनाव या स्ट्रेस है क्या और इससे कैसे बचें।

स्ट्रेस का जिक्र आजकल कुछ अधिक होता जा रहा है। इसके निवारण हेतु अनेक उपाय सुझाए जा रहे हैं। मगर स्ट्रेस चिंता है क्या, से पहले यह तो सोचें—चिंता का अस्तित्व तो आदि काल से है। महाभारत के वन पर्व में यक्ष-युधिष्ठर प्रश्नोत्तरी में एक श्लोक आता है—

माता गुरुतरा भूमे खात्यितोच्चतरस्तथा।
मनः शीघ्रतरं वाताच्चिंता बहुतरी तृणात्॥

यक्ष द्वारा प्रश्न पूछा गया था कि धरा से गुरुतर कौन है? युधिष्ठर का जवाब था—माता।

आकाश से ऊँचा कौन है ? जवाब मिला—पिता।
वायु से शीघ्र कौन चलता है ? जवाब था—मन।
तिनकों से अधिक क्या है ? जवाब था—चिंता।

तो यह चिंता क्या है ?

कोई भी स्थिति, जो हमारे अस्तित्व अथवा सुरक्षा को खतरा पैदा करती है, उसका भय ही चिंता है। जैसे भिखारी के लिए भूखा मरना चिंता का विषय है, वैसे ही धनाढ्य को संपत्ति की रक्षा की चिंता है। डिग्रीधारी को नौकरी न मिलना चिंता है। बीमार को पहले बीमारी का निदान न होना, फिर इलाज न होना चिंता का विषय हो सकता है। विद्यार्थी को परीक्षा इसलिए चिंतित करती है कि असफल न हो जाए, असफल माने फेल या उसके अपने मापदंड के अनुसार ग्रेड या अंक न आना भी चिंता है।

आप कहेंगे कि ऐसे तो जीना ही चिंता है, क्योंकि मरने का डर रहता है।

आधुनिक चिकित्सा शास्त्र अनुसार स्ट्रेस की परिभाषा

"स्वयं हेतु या अपने से संबंधित किसी व्यक्ति या वस्तु के प्रति किसी भी प्रकार की असुरक्षा की भावना का नाम है—चिंता या स्ट्रेस।" यूँ तो मनुष्य जीवन चुनौती भरा है ही, नित्य अनेक कार्य स्ट्रेस या मानसिक तनाव को उत्पन्न करते हैं, जैसे—

बिजली, टेलीफोन, बच्चों की फीस, इनकम टैक्स रिटर्न आदि को अंतिम दिन तक टालते रहना भी तनाव को बढ़ाता है।

अगर रसोई गैस खाली होनेवाली है तथा दूसरा सिलेंडर भी खाली है तो तनाव का कारण बन सकता है।

बच्चों के दाखिले, इम्तिहान ही नहीं, रोज-रोज का होमवर्क तक अनेक माता-पिता को तनाव दे देते हैं।

किशोर बच्चों के अत्याधिक टेलीफोन आना या आधा घंटा या घंटा फोन मोबाइल से चिपके रहना भी आजकल माता-पिता को स्ट्रेस दे बैठता है।

टेलीविजन जहाँ मनोरंजन का साधन है, वहीं अगर आपने हर कीमत पर किसी सीरियल की हर कड़ी देखनी है तो यातायात का जाम होना तथा मेहमानों का अचानक सीरियल के वक्त आना भी तनाव उत्पन्न कर सकता है।

यात्री को रेल या विमान छूट जाने का भय तनाव पैदा करता है।

दफ्तर में बॉस या मातहत का व्यवहार तनाव दे सकता है। हम कितना भी हँसकर टाल दें, मगर उपरोक्त एवं अनेक अन्य अनिश्चिंतताएँ हमारे मानसिक तनाव का कारण ब़नती हैं। और भी अनेक बातें हैं, जिन्हें हम आप सभी जानते हैं। अब सवाल उठता है कि—

तनाव से कैसे बचें

तनाव से पूर्णतया बचना असंभव है, मगर हलका तनाव या कभी-कभार का तनाव कष्टहीन तथा कई बार आपको उन्नति का मार्ग खोल सकता है। जैसे स्वस्थ प्रतिस्पर्धा पॉजिटिव तनाव है। परीक्षा हेतु तनाव आपको अधिक तैयारी करने के लिए प्रेरित करता है। स्वास्थ्य के प्रति चिंता संतुलित भोजन, योग, व्यायाम, ध्यान व सुनिश्चित निद्रा हेतु प्रेरित करती है।

लेकिन अधिक मात्रा में चिंता, यथा—एक ही बात को एक दिन में तीन बार से ज्यादा याद करके चिंता करना व एक सप्ताह या इससे अधिक इस तरह की चिंता रोग को बुलावा देना होता है। आधुनिक चिकित्सा विज्ञान के अनुसार अनेक रोग, यथा—उच्च रक्तचाप, मधुमेह एवं हृदयाघात होने में स्ट्रेस का बड़ा हाथ हो सकता है।

तो इससे बचें कैसे? प्राकृतिक तौर पर जीव असुरक्षा से या तो असुरक्षा पैदा करनेवाले व्यक्ति जीव या स्थिति से लड़ बैठता है या रण छोड़कर भाग लेता है, माने फाइट ऑर स्लाइड (लड़ो या खिसको)। मगर आज के जीवन में यह संभव नहीं होता। इसको चिकित्सकीय भाषा में परिभाषित करने का यत्न करते हैं। हम गीता से प्रेरणा लेकर (गीता में तीन प्रकार के योग का वर्णन है—कर्म योग, भक्ति योग, संन्यास योग) ···

थ्री डी फॉर्मूला

आधुनिक चिकित्सा विज्ञान प्राकृतिक नियम लड़ो या भागो (खिसको) में एक चीज और जोड़कर एक फॉर्मूला बनाते हैं। इसे हम 'थ्री डी फॉर्मूले' का नाम देते हैं।

DO, DELEGATE एंड DENY

1. DO (कर्म योग), 2. DELGATE (भक्ति योग) और 3. DENY (संन्यास योग)।

1. **Do :** काम को वक्त से पहले ही निबटा लें, अंतिम दिन या समय तक न टालें, जैसे—बिजली, टेलीफोन के बिल, फीस आदि को भरने की प्रतीक्षा अंतिम दिन तक न करें, पहले-दूसरे दिन ही भरकर निश्चिंत हो जाए।
2. **Delgate :** काम निबटाने हेतु परिवार या मित्रों की सहायता लें, सहायता करें, जैसे—बिल, गैस, सिलेंडर आदि कुछ महीने आप भरें, कुछ महीने कोई और मित्र दोनों के बिल भरे।
3. **DENY :** कुछ काम जो आप कर ही नहीं सकते, उन्हें सीधे न कहना सीखें; झूठा आश्वासन देना भी तनाव बढ़ाता है। जो संभव नहीं है, उसे न कहें, वरना आप अनावश्यक बोझ मन पर घसीटेंगे।

स्वयं से भी न कहना सीखें। अत्याधिक महत्त्वांकाक्षा या अस्वस्थ प्रतिस्पर्धा को मन से नकारें, निकालें।

क्लब या समारोह में लोगों के उकसाने से अपनी शारीरिक और मानसिक क्षमता से अधिक कार्य करने की हाँ न करें, नाहक मन पर बोझ न डालें। 'जो बन आए सहज में, ताहि में मन देय' पुरानी मगर सटीक कहावत है।

आइए, अब इसे गीता के श्लोकों के माध्यम से समझें।

DO (कर्म योग)

एवं ज्ञात्वा कृतं कर्म पूर्वैरपि मुमुक्षुभिः।
कुरु कर्मैव तस्मात्त्वं पूर्वैः पूर्वतरं कृतम्॥ 4.15॥

—गीता, अध्याय 4, श्लोक 15

शब्दार्थ : पूर्व के मुमुक्ष पुरुषों द्वारा भी इस प्रकार जानकर ही कर्म किया गया है, इसलिए तुम भी पूर्वजों द्वारा सदा से किए हुए कर्मों को ही करो।

भावार्थ : तुम्हारे पुरखों व गुरुओं ने जिस तरह अपने कर्तव्य का पालन किया है, वैसे ही तुम्हें करना चाहिए।

2. Delgate (भक्ति योग)

सर्वधर्मान्परित्यज्य मामेकं शरणं व्रज।
अहं त्वा सर्वपापेभ्यो मोक्षयिष्यामि मा शुचः ॥ 18.66 ॥

शब्दार्थ : संपूर्ण धर्मों का आश्रय छोड़कर तू केवल मेरी शरण में आ जा। मैं तुझे संपूर्ण पापों से मुक्त कर दूँगा, चिंता मत कर।

भावार्थ : जब कोई कार्य करने में असमर्थ पाएँ, यथा—समय न होना, बीमारी की अवस्था, तो चिंता छोड़ किसी मित्र या संबंधी की सहायता से काम करवाएँ।

3. Deny (संन्यास योग)

यस्य सर्वे समारम्भाः कामसङ्कल्पवर्जिताः ।
ज्ञानाग्निदग्धकर्माणं तमाहुः पण्डितं बुधाः ॥ 4.19 ॥

शब्दार्थ : जिसके समस्त कार्य कामना और संकल्प से रहित हैं, जो अपने कर्ता होने के अहंकार को त्यागकर काम करता है। कर्मों वाले पुरुष को ज्ञानीजन पंडित कहते हैं।

भावार्थ : जो मनुष्य यह जान लेता है कि तेरा सामर्थ्य इतना है या तू यह काम करने में असमर्थ है और झूठी शान या दिखावे हेतु या बॉस को प्लीज करने के लिए ऐसा काम नहीं लेता, जो वह नहीं कर सकता, वही बुद्धिमान तनाव मुक्त हो पाता है।

□

अध्याय-2

गीता : एक चिकित्सकीय दृष्टिकोण

गीता को अकसर धर्म शास्त्र कहा जाता है तो आइए धर्म से ही आरंभ करते हैं कि यह धर्म क्या है ?

धर्म

धर्म क्या है ? बड़ा टेढ़ा प्रश्न है। अनेक लोगों द्वारा सभ्यता के विकास के बाद से यह प्रश्न दोहराया गया है तथा अनेक साधारण लोगों तथा अनेक महापुरुषों ने समय-समय पर इसका खुलासा किया है अथवा खुलासा करने की कोशिश की हैं। पर शायद ही कोई धर्म की सही परिभाषा दे पाया है। इसका मतलब यह कतई नहीं है कि मैं आपको इसकी सही या बेहतर या कोई नई परिभाषा दे पाऊँगा। वास्तव में धर्म को परिभाषित करना कठिन ही नहीं, बल्कि असंभव हैं।

मैं तो यही कहूँगा कि हम जिसे धर्म कहते हैं, धर्म मानते हैं, वह हर जीव का प्राकृतिक स्वभाव है, जैसे—

पानी का स्वभाव है—बहना

आग का स्वभाव है—जलना

मछली का स्वभाव है—तैरना

पहाड़ का स्वभाव है—स्थिरता

उसी तरह मनुष्य का प्राकृतिक स्वभाव है—जीना

स्वभाव क्योंकि प्रकृतिगत है, अतः धर्म भी प्रकृतिगत ही होगा। प्रकृति का। स्वभाव है सत्य एवं परिवर्तन, सो धर्म का स्वभाव भी सत्य एवं परिवर्तन ही हुआ जैसे—

ग्रीष्म का गरम होना,
शरद का ठंडा होना,
बरसात का पनीला होना।

पतझड़ का झड़ना सत्य है, उसी तरह ग्रीष्म का बरसात में, बरसात का शिशिर में, शिशिर का पतझड़ में और पतझड़ का फिर ग्रीष्म में परिवर्तन होता रहता है, अतः धर्म भी स्थान, काल व परिस्थिति के अनुसार परिवर्तित होता रहता है।

मानव धर्म ही क्यों? जीव धर्म या प्रकृति धर्म क्यों नहीं?

प्रश्न सही है, असल में धर्म तो प्रकृति धर्म ही है और प्रकृति उस धर्म का निर्वाह अनादि से कर रही है। उसी धर्म के नियमानुसार धरती सूर्य, चंद्रमा सब घूम रहे हैं। ऋतुएँ अपनी पारी निभाती हैं आदि-आदि।

मानव धर्म क्या है?

1. असल में मानव को समझने के लिए हमें विकास क्रम में लौटना होगा।

जब तक मनुष्य के मस्तिष्क का विकास नहीं हुआ था, तब तक वह प्रकृति धर्म के अनुसार जीवन-यापन करता था, यानी अन्य जीवों की तरह वह प्रकृति के तीन नियमों 1. आहार, 2. निद्रा और 3. मैथुन से ही संतुष्ट था।

जब मानव की बुद्धि एवं वाणी (भाषा) का विकास हुआ तो परिवार, समाज, जाति, देश आदि के समूह बने।

इन समूहों के चलते समाज धर्मों का निर्माण हुआ और इसी बीच मानव धर्म, जो प्रकृति धर्म एवं समाज धर्म के बीच की कड़ी था, लुप्त हो गया।

मानव धर्म वास्तव में क्या है?

धर्म शायद बेहतर जीना या बेहतर जीने का ढंग, तरीका हो सकता है। इसी आधार पर संसार के उस वक्त के महापुरुषों या पैगंबरों अवतारों ने उस भूभाग हेतु कुछ धर्मों मजहबों की नींव रखी और आरंभ में सभी धर्म केवल दो बातों पर आधारित रहे होंगे, ऐसा लगता है।

हाँ, मनुष्य के विकास क्रम के सत्य एवं परिवर्तन के साथ मनुष्य में बेहतर जीने के लिए अहिंसा का प्रादुर्भाव हुआ।

अहिंसा सही मायने में प्रस्तर काल के बाद लौह काल के अंतिम चरण में आई, जब मनुष्य लोहे के हथियार बनाकर आखेट कर-करके ऊब गया तो स्वाभाविक परिवर्तन की इच्छा ने उससे लोह से कृषि के औजार बनवाए और वह किसान बऩ बैठा, यह परिवर्तन महावीर तथा बुद्ध के समय और भी मुखरित हो गया था। गांधीजी तक आते-आते युद्ध को अहिंसक क्रांति में ढालने में सक्षम हुआ।

फिर धर्म क्या है?

मेरा मानना है कि प्रकृति या ईश्वर की तरह धर्म भी एक ही है, अनेक नहीं।

हिंदू, मुसलिम, ईसाई, सिख समाज हैं, धर्म नहीं।

और प्रकृति धर्म के बाद विकसित मानव का धर्म अगर अलग भी हो तो वह धर्म तो एकमात्र मानव धर्म (मानव स्वभाव भर) है।

मानव धर्म : मानव का सही अभ्रष्ट स्वभाव है, जिसमें बुद्धि तथा वाणी का दुरुपयोग संभव नहीं है। माने उपयोग ठीक है एवं बुद्धि व वाणी विलास गलत है।

जैसे मानव दो पैरों पर चलता है, उसी तरह मानव धर्म भी दो नियमों पर आधारित है—सत्य और अहिंसा।

सत्य या सच को परिभाषित करने की आवश्यकता मैं नहीं समझता, क्योंकि हम सभी जानते हैं कि सत्य क्या है?

वैसे तो अहिंसा को भी हम सभी जानते हैं, पर मैं इस बारे में अपने अनुभव की बात करना चाहूँगा। अहिंसा को समझने के लिए पहले हिंसा को समझना पड़ेगा, क्योंकि अहिंसा माने जो हिंसा नहीं है, वही तो अहिंसा है।

हिंसा का शाब्दिक अर्थ है—किसी दूसरे को कष्ट पहुँचाना।

कष्ट हम अपने कर्म द्वारा पहुँचा सकते हैं, पर कभी-कभी दुष्कर्म ही नहीं, अकर्म द्वारा भी हम कष्ट पहुँचाते हैं। अकर्म यानी वह कर्म, जिसे करना आवश्यक था, पर हमने किया नहीं, हिंसा का कारण बन सकता है।

कर्म हिंसा : किसी को चोट पहुँचाना। जैसे—थप्पड़, घूँसा, लाठी या तलवार का वार।

चोरी करना, नशीले एवं हानिकारक पदार्थों का वितरण, बेचना, किसी की संपत्ति को हानि पहुँचाना आदि।

अपशब्द गाली-गलौच करना। चुभते हुए शब्द कहना, वाणी में हिंसा है।

अप्रिय, परंतु सत्य वाणी हिंसा नहीं है, चाहे सुननेवाले को वैसा लगे, यह सुननेवाले का अज्ञान है, जो उसे यह हिंसा लगती है।

मांस, अंडे आदि का सेवन भी कर्म हिंसा है प्रकृति के नियमानुसार, क्योंकि उसने हमें यानी मानव शरीर को शाकाहारी अवयव (शारीरिक अंग) दिए हैं, न कि मांसाहारी। जैसे गाय, भैंस, घोड़ा, हाथी शाकाहारी हैं, इन्हें न तो ऐसे जबड़े दिए कि वे पशु को मारकर खा सकें, न ही इन्हें पचाने हेतु रसायन उसे मिले, जबकि कुत्ता, गीदड़, शेर आदि के पास वे अंग हैं। मनुष्य को इसलिए इन्हें पकाना पड़ता है।

अकर्म हिंसा : जिन कामों के करने का उत्तरदायित्व मानव पर है, अगर वह उन्हें नहीं करता तो यह अकर्म हिंसा है।

जैसे—दुर्घटनाग्रस्त व्यक्ति को न उठाना, उसकी सहायता न करना अकर्म हिंसा के अंतर्गत आता है।

डॉक्टर द्वारा रोगी का उपचार न करना, अध्यापक का शिक्षा न देना।

बच्चों का सही पालन-पोषण न करना, माता-पिता व अन्य कुटुंबजनों की सहायता न करना अकर्म हिंसा है।

बाहर से घर लौटने पर माता-पिता अथवा अन्य अग्रज जनों की उपस्थिति नकारना भी अकर्म हिंसा कहलाएगा। उन्हें उचित अभिवादन, मान-सम्मान न देना, बच्चों एवं पत्नी को प्रिय शब्द न कहना अथवा उनकी आवश्यकता की यथासंभव वस्तुओं से वंचित रखना, सभी अकर्म हिंसा के अंतर्गत आते हैं।

अतः मेरा मानना है कि मनुष्य बुद्धि एवं वाणी की विलासिता में न पड़कर अगर सत्य एवं अहिंसा के रास्ते जीवन व्यतीत करता है तो वह मानव धर्म का पालन करता है।

1. बुद्धि, वाणी एवं शारीरिक क्षमता का दुरुपयोग हिंसा है, जो मानव धर्म के विरुद्ध है।
2. बुद्धि, वाणी एवं शारीरिक क्षमता का स्वयं के लिए उपयोग मानव धर्म है।
3. बुद्धि, वाणी एवं शारीरिक क्षमता का सदुपयोग सत्कर्म है।

सत्कर्म मनुष्य के विकसित मस्तिष्क का धर्म है, जिसके रास्ते पर चलकर मोक्ष का प्रयास संभव है। मोक्ष की कामना के लिए सत्कर्म मानव धर्म से अगली सीढ़ी है। परंतु मानव धर्म को नकारकर मोक्ष की कामना दुर्लभ है। धर्म शब्द अनेक अर्थों में प्रयुक्त होता है। धार्मिकता, सद्-व्यवहार, कर्तव्य, सद्गुण आदि विभिन्न अर्थों में इसका प्रयोग किया गया है। धर्म की परिभाषा हम देख चुके हैं कि जिसके कारण वस्तु का अस्तित्व सिद्ध होता है, वह उस वस्तु का धर्म कहलाता है। एक व्यक्ति से दूसरे व्यक्ति का भिन्नत्व उसके विचारों द्वारा निश्चित किया जाता है। इन विचारों का स्तर गुण, दिशा आदि व्यक्ति की वासनाओं पर निर्भर करते हैं। यही है मनुष्य का स्वभाव अथवा धर्म।

लेकिन मनुष्य ने बुद्धि व वाणी का उपयोग नहीं, दुरुपयोग करना सीखकर पूरी मानव जाति को दुःखों की सौगात दे दी है। लूटमार, धोखाधड़ी, लड़ाइयाँ इसी बुद्धि के दुरुपयोग का नतीजा हैं।

सबसे पहले पुरुष ने अपनी ही मादा का अधिकार छीना। जिस प्रकृति ने हर जीव की मादा को अपना नर चुनने का अधिकार दिया है, जो आज भी है। हमारे पुरखों ने इस अधिकार का कायम रखने हेतु स्वयंवर की प्रथा आरंभ की थी। लेकिन संभवत: भीष्म द्वारा स्वयंवर से अंबा, अंबिका एवं अंबालिका का अपहरण अपने सौतेले भाइयों हेतु करना इसका पहला उल्लंघन था। उसके बाद तो अनेक रानियों वाले रनिवास और हरम होने लगे, जो प्रकृति के नियम के विरुद्ध थे, हैं। पुरुषों ने न केवल महिलाओं का बलात्कार करना शुरू कर दिया, अपितु प्रकृति का भी बलात्कार कर डाला, जिससे आसमान में छेद (ओजोन) तक होने लगे हैं।

प्रकृति धर्म, मानव धर्म के बाद एक नया धर्म शुरू हुआ कबीला धर्म या समाज धर्म, जिसे अब 'राष्ट्र धर्म' भी कहा जाने लगा। कबीले या समाज धर्म ने कुछ नए नियम बनाकर मजहब, यथा—हिंदू, मुसलिम, सिख, ईसाई आदि अनेक उपधर्म बना डाले और इनके माध्यम से मनुष्य खुद अपने बनाए जाल में फँस गया।

मनुष्य के अतिरिक्त क्या प्रकृति के तथाकथित 84 लाख जीव योनियों ने कोई राष्ट्र धर्म या मजहब बनाया है ? नहीं ना !

□

अध्याय-3

कुछ विशेष शब्द व उनके अर्थ

आगे बढ़ने से पहले कुछ शब्दों के सही अर्थ समझ लेते हैं।

मन

मन मस्तिष्क की उस क्षमता को कहते हैं, जो मनुष्य को चिंतनशक्ति, स्मरणशक्ति, निर्णयशक्ति, बुद्धि, भाव, इंद्रियग्राह्यता, एकाग्रता, व्यवहार, परिज्ञान (अंतर्दृष्टि) इत्यादि में सक्षम बनाती है।

यज्ञ

यज्ञ, योग की विधि या उपक्रम है, यथा—अश्वमेध यज्ञ, पुत्र-प्राप्ति यज्ञ, यथा—दशरथ द्वारा ऋषि शृंग से करवाया गया। जबकि आज मात्र हवन को ही यज्ञ कहने लगे हैं। हवन यज्ञ के आरंभ की सूचना, संकल्प तथा वातावरण व मन को एकाग्र करने की विधि भर है तथा अंत में यज्ञ के सफलतापूर्वक समाप्ति की सूचना भर।

यज्ञ लक्ष्य की पूर्णता प्राप्ति का उद्यम है। यह अन्य विचारों से छुटकारा पाने व किसी एक काम को पूरा करने का संकल्प व उद्यम है। हवन शुद्ध होने, करने की क्रिया या संकल्प है। इसका संबंध अग्नि से प्रतीक रूप में किया जाता है।

यज्ञ का अर्थ जबकि योग है, यानी किसी कार्य विशेष से जुड़ना। हवन

व्यवस्था में अग्नि और घी के प्रतीकात्मक प्रयोग में पारंपरिक रुचि का कारण अग्नि के भोजन बनाने में, या आयुर्वेद और औषधीय विज्ञान द्वारा वायु शोधन इस अग्नि से होनेवाले धुओं के गुण को यज्ञ समझ इस 'यज्ञ' शब्द के प्रचार-प्रसार में बहुत सहायक रहे। 'अधियज्ञोअहमेवात्र देहे देहभृताम वर॥ 4/8॥' भगवत गीता शरीर या देह के दासत्व को छोड़ देने का वरण या निश्चय करनेवालों में, यज्ञ अर्थात् जीव और आत्मा के योग की क्रिया या जीव का आत्मा में विलय, का कार्य है।

अनाश्रितः कर्मफलं कार्यं कर्म करोति यः।
स संन्यासी च योगी च न निरग्निर्न चाक्रियः॥ 1/6॥

योग

योग (संस्कृत : योगः) शाब्दिक का अर्थ है—मिलन या जुड़ाव। यह एक आध्यात्मिक प्रक्रिया है, जिसमें शरीर, मन और आत्मा को एक साथ लाने (योग) का काम होता है।

यह शब्द आगे चलकर—प्रक्रिया और धारणा—हिंदू धर्म, जैन पंथ और बौद्ध पंथ में ध्यान प्रक्रिया से संबंधित हो गया। 'योग' शब्द भारत से बौद्ध पंथ के साथ चीन, जापान, तिब्बत, दक्षिण-पूर्व एशिया और श्रीलंका में भी फैल गया है।

'योग' शब्द 'युज समाधौ' आत्मनेपदी दिवादिगणीय धातु में 'घं' प्रत्यय लगाने से निष्पन्न होता है। इस प्रकार 'योग' शब्द का अर्थ हुआ—समाधि अर्थात् चित्त वृत्तियों का निरोध या साध लेना। वैसे 'योग' शब्द 'युजिर योग' तथा 'युज संयमने' धातु से भी निष्पन्न होता है, किंतु तब इस स्थिति में योग शब्द का अर्थ क्रमशः योगफल, जोड़ तथा नियमन होगा। आगे योग में हम देखेंगे कि आत्मा और परमात्मा के विषय में भी योग कहा गया है।

गीता में श्रीकृष्ण ने एक स्थल पर कहा है—'योगः कर्मसु कौशलम्' (कर्मों में कुशलता ही योग है)।

बौद्धमतावलंबी भी, जो परमात्मा की सत्ता को स्वीकार नहीं करते, योग शब्द का व्यवहार करते और योग का समर्थन करते हैं। यही बात सांख्यवादियों के लिए भी कही जा सकती है, जो ईश्वर की सत्ता को असिद्ध मानते हैं।

पतंजलि ने 'योगसूत्र' में, जो परिभाषा दी है 'योगश्चित्तवृत्तिनिरोधः', चित्त की वृत्तियों के निरोध का नाम योग है। इस वाक्य के दो अर्थ हो सकते हैं—चित्तवृत्तियों के निरोध की अवस्था का नाम योग है या इस अवस्था को लाने के उपाय को योग कहते हैं।

तो श्रीकृष्ण के इस वाक्य का क्या अर्थ होगा? 'योगस्थः कुरु कर्माणि', योग में स्थित होकर कर्म करो।

बौद्ध धर्म के अनुसार—'कुशल चितैकग्गता योगः', अर्थात् कुशल चित्त की एकाग्रता योग है।

भगवद् गीता बड़े पैमाने पर विभिन्न तरीकों से योग शब्द का उपयोग करता है। एक पूरा अध्याय (छठा अध्याय) सहित पारंपरिक योग का अभ्यास को समर्पित, ध्यान के सहित, करने के अलावा इसमें योग के तीन प्रमुख प्रकार का परिचय किया जाता है—

- **कर्म योग :** काररवाई का योग। इसमें व्यक्ति अपने स्थिति के उचित और कर्तव्यों के अनुसार कर्मों का श्रद्धापूर्वक निर्वाह करता है।
- **भक्ति योग :** भक्ति का योग। भगवत कीर्तन। इसे भावनात्मक आचरण वाले लोगों को सुझाया जाता है।
- **ज्ञान योग :** ज्ञान का योग—ज्ञानार्जन करना।

मधुसूदन सरस्वती (जन्म 1490) ने गीता को तीन वर्गों में विभाजित किया है, जहाँ प्रथम छह अध्यायों में कर्म योग के बारे में, बीच के छह में भक्ति योग और पिछले छह अध्यायों में ज्ञाना (ज्ञान) योग के बारे में गया है। अन्य टिप्पणीकार प्रत्येक अध्याय को एक अलग 'योग' से संबंध बताते हैं, जहाँ अठारह अलग योग का वर्णन किया है।

वर्तमान समय में अपनी व्यस्त जीवन-शैली के कारण लोग संतोष पाने के लिए योग करते हैं। योग से न केवल व्यक्ति का तनाव दूर होता है,

बल्कि इस क्रिया से मन और मस्तिष्क को भी शांति मिलती है। योग बहुत ही लाभकारी है। भारतीय योग गुरुओं ने इसे विश्व भर में फैला दिया और अब तो अनेक पश्चिम देशों के वासियों (गोरों) ने इसे अपनाकर पेशा बना लिया है। अब इसे आसन, शारीरिक व्यायाम, प्राणायाम (ब्रिदिंग एक्सरसाइज) एवं ध्यान (मेंटल रिलैक्सेशन) या माइंड फुलनेस के रूप में परोसा जा रहा है।

उपासना

उपसमीप - आसन बैठना,

- प्रभु के पास बैठना, समीप बैठना
- माने तब मैं हूँ और प्रभु है और कोई नहीं है,
- एकांत है,
- मन का एकांत,
- भीड़ में, बस में, ट्रेन में, घर में कहीं भी जहाँ आप उपासन की स्थिति में आ जाते हैं, माने आप हैं, प्रभु है और कोई नहीं—मन में न पत्नी की याद है, न पुत्र-पुत्री की चिंता है, न ही बॉस का डर है, न इनकम टैक्स का डर है।

उपवास : उपवास - उप याने समीप, यथा—उपराष्ट्रपति, राष्ट्रपति के समीप की स्थिति है। यानी उस रोज हम अन्य काम, यानी खाना-पीना छोड़ केवल प्रभु का ध्यान करने में उसके समीप बैठने में बिताएँ, वह उपवास है। खाना बनाने में, खाने में समय न लगाकर केवल ध्यान में समय लगाएँ। न कि केवल एक समय खाना खाएँ व सारा समय टीवी, सिनेमा या शृंगार में बिताएँ।

- माने भूखे रहना मात्र नहीं है। भूखे इसलिए रहा जाता है कि उस दिन आपको इंद्रियों हेतु कार्य नहीं करना है। उपवास प्रभु के पास बैठना—बिल्कुल उपासना की स्थिति में खाली पेट रहकर आप मात्र कुछ समय बचाते हैं तथा जो खाना बनाने, खाने में लगता है या फिर खाना निकालने में लगता है।

- दूसरा आप मस्तिष्क को भी खाए हुए पदार्थ को पचाने के कार्य उसके द्वारा बने मन को निकालने के कार्य से विश्राम दिलाकर दिमाग को पूर्ण रूप से प्रभु के समीप ले जाने में पहुँच जाने में सहायता करते हैं या ध्यान स्थिति में पहुँचने की शांति प्राप्त करने में सहायता करते हैं।

पुनर्जन्म : हिंदू धर्म व कुछ अन्य धर्मों में···मुझे लगता है कि यह सामाजिक समरसता हेतु किया गया है। संभवतः यह व्यक्ति को अपनी वर्तमान स्थिति को स्वीकार करने हेतु बनाया गया था। यानी अगर हम दुःखी हैं, संतृप्त हैं और इस दुःखी अवस्था के लिए अपना कोई दोष भी ढूँढ़ नहीं पा रहे हैं तो हमें गुस्सा आता है, तनाव होता है तो अगर हम यह मानते हैं कि यह दुःख जिसने (पी.टी.आई. पत्नी, पुत्र, साथी, पड़ोसी) ने दिया है, उसे हमने कभी यानी किसी पूर्व जन्म में दिया होगा तो दुःख थोड़ा कम हो जाता है। उन्हें बतलाया या बहकाया गया कि यह पिछले जन्म के किए बुरे कामों के फलस्वरूप तुम्हारा यह हाल है और अगर हम गरीब हैं तो भी यह हमारे पिछले जन्म के दुष्कर्म का कारण है, अमीर हैं, सुखी हैं तो यह भी पिछले जन्मों का सुफल है, तो हम अगर इस जीवन में अच्छे कार्य करेंगे तो अगले जन्म में अच्छे परिवार, अच्छी स्थिति में जन्म होगा, अच्छे कर्मफल मिलेंगे। अनेक संतों ने इसे बार-बार दोहराया है।

बाबा तुलसी के दो दोहे

1. राजा दशरथ की मृत्यु पर भरत को समझाने हेतु—

सुनहु भरत भावी प्रबल बिलखि कहेउ मुनिनाथ।
हानि लाभु जीवनु मरनु जसु अपजसु बिधि हाथ॥ 171॥

भावार्थ : मुनिनाथ ने बिलखकर (दुःखी होकर) कहा—हे भरत! सुनो, भावी (होनहार) बड़ी बलवान है। हानि-लाभ, जीवन-मरण और यश-पयश, ये सब विधाता के हाथ हैं॥ 171॥

2. लक्ष्मण-निषाद संवाद—

काहु न कोउ सुख-दुःख कर दाता।
निज कृत करम भोग सबु भ्राता॥ 2॥

भावार्थ : तब लक्ष्मणजी बोले—हे भाई! कोई किसी को सुख-दुःख का देनेवाला नहीं है। सब अपने ही किए हुए कर्मों का फल भोगते हैं॥ 2॥

स्वर्ग-नरक

स्वर्ग-नरक या हेवेन बहिश्त एवं दोजख की कल्पना हर समाज, हर धर्म में आदिकाल से होती आई है। लेकिन क्या इनका वजूद वास्तव में कहीं है? वह भी इस प्यारी धरती के अतिरिक्त कहीं आसमान या पाताल लोक में है। मेरा मानना है कि ऐसा कुछ नहीं है। यह समाज को व्यवस्थित रखने की मनुष्य को सांत्वना देने की सामाजिक व्यवस्था भर है। आज आपको अपने श्रम का अवदान नहीं मिलता, कोई अन्य व्यक्ति जुगाड़ से उसे हासिल कर लेता है तो आप इस बात को सोचकर मन को संतुष्ट कर लेंगे कि इसे अपने किए की सजा नरक में जाकर मिलेगी और आपको अपने सद्कर्मों का फल स्वर्ग में मिलेगा।

पुरुषार्थ के चार अंग धर्म, अर्थ, काम, मोक्ष

1. **धर्म :** मानव का व्यक्तित्व तीन गुणों—सत्त्व, रजस और तमस (गुण, कर्म और स्वभाव) से निर्माण होता है।

   सत्त्व गुण—सत्य की खोज में लिप्त, रजस-शक्ति या बल का प्रतीक और तमस—शारीरिक इंद्रियों से उत्पन्न कामनाओं का दास। लेकिन हर व्यक्ति में इन तीनों गुणों की मात्रा एक अनुपात में होती ही है। जिस गुण की मात्रा अधिक होत्ती है, उसी के अनुसार उसके गुण, कर्म और स्वभाव आधारित व्यक्तित्व का निर्माण होता है।

- **सत्त्व :** इस गुण की अधिकता होने पर वह व्यक्ति ऋषि-मुनि (सोशल साइंटिस्ट) या ब्राह्मण (ब्रह्म) ब्रह्मांड का सत्य या खोज करने में संलग्न होता था।

- **रजस :** इस गुण की मात्रा की अधिकतावाला व्यक्ति शारीरिक शक्ति बल प्राप्त करने का उद्द्म करता है।
- **तमस :** इस गुण से संपन्न व्यक्ति शारीरिक कामनाओं की पूर्ति में लिप्त रहता है।

  आजकल विज्ञान मानता है कि पुरुष व महिला में हार्मोन टेस्टोस्टेरॉन तथा एस्ट्रोजन दोनों विद्यमान रहते हैं और शरीर में इनका अनुपात ही महिला या पुरुष होना निर्धारित करता है। यही नहीं, प्रकृति नियमानुधारित अनुपात बिगड़ने से महिला में मर्दाना गुण आ जाते हैं व पुरुष में स्त्रैण गुण और आजकल तो लोग अपना गुण पहचानकर अपना सेक्स बदलवाने लगे हैं।

2. **अर्थ :** उस समय धन-धान्य एवं पशुधन से संबंध होता था, आजकल जमीन, पैसा, शेयर और कंपनी।
3. **काम :** काम शब्द केवल सेक्स से संबंधित न होकर शारीरिक कामनाओं, यथा—पाँच कर्म (आँख—नाटक फिल्म या सुंदरता, कान—संगीत आदि, जिह्वा—स्वाद, नाक—इत्तर, सेंट आदि स्पर्श—कामेच्छा सेक्स) से प्राप्त सुख को कहा जाता है
4. **मोक्ष :** असल में व्यक्ति द्वारा एक अनंत (eternal) शाश्वत सुख की कामना ने मोक्ष की कल्पना को जन्म दिया है, जिसमें मानव जीवन के सभी संतापों, यथा—दैहिक, दैविक, भौतिक दु:खों से निवारण मिल जाए। जब उसने जान लिया कि सशरीर या इस देह के रहते यह असंभव है तो उसने मोक्ष की कल्पना की।

शास्त्रीय परिभाषा

मोक्ष : शास्त्रकारों ने जीवन के चार उद्द्देश्य बतलाए हैं—धर्म, अर्थ, काम और मोक्ष। भारतीय दर्शन में नश्वरता को दु:ख का कारण माना गया है। संसार आवागमन, जन्म-मरण और नश्वरता का केंद्र हैं। इस अज्ञान के प्रपंच से मुक्ति पाना ही मोक्ष है। प्राय: सभी दार्शनिक प्रणालियों ने

संसार के दु:खमय स्वभाव को स्वीकार किया है और इससे मुक्त होने के लिए कर्ममार्ग या ज्ञानमार्ग का रास्ता अपनाया है। मोक्ष इस तरह के जीवन की अंतिम परिणति है। इसे परम सात्त्विक मूल्य मानकर जीवन के परम उद्देश्य के रूप में स्वीकार किया गया है। मोक्ष को वस्तु के रूप में स्वीकार करना कठिन है। फलत: सभी प्रणालियों में मोक्ष की कल्पना प्राय: आत्मवादी है। अंततोगत्वा यह एक वैयक्तिक अनुभूति ही सिद्ध हो पाता है।

इनमें से मोक्ष 'परम अभीष्ट' अथवा 'परम पुरुषार्थ' कहा गया है। मोक्ष की प्राप्ति का उपाय आत्मतत्त्व या ब्रह्मतत्त्व का साक्षात् करना बतलाया गया है। न्याय दर्शन के अनुसार दु:ख का आत्यंतिक नाश ही मुक्ति या मोक्ष है। सांख्य के मत से तीनों प्रकार के तापों का समूल नाश ही मुक्ति या मोक्ष है। वेदांत में पूर्ण आत्मज्ञान द्वारा माया संबंध से रहित होकर अपने शुद्ध ब्रह्मस्वरूप का बोध प्राप्त करना मोक्ष है। तात्पर्य यह है कि सब प्रकार के सुख-दु:ख और मोह आदि का छूट जाना ही मोक्ष है।

अज्ञान अर्थात् धन, संतान से सुख-प्राप्ति की मूर्खता से उपजे दु:ख से मुक्त होना मोक्ष हो सकता है। इसे जीवनमुक्ति कहेंगे। किंतु कुछ प्रणालियाँ, जिनमें न्याय, वैशेषिक एवं विशिष्ट द्वैत उल्लेखनीय हैं; जीवनमुक्ति की संभावना को अस्वीकार करते हैं। दूसरे रूप को 'विदेहमुक्ति' कहते हैं। यानी देह से प्राप्त दु:खों, यथा—धन, संतान, संबंधों पर आधारित सुख-दु:ख के भावों का विनाश हो गया हो, वह मोक्ष की स्थिति में पहुँच गया माना जाता है। उपनिषदों में आनंद की स्थिति को ही मोक्ष की स्थिति कहा गया है, क्योंकि आनंद में सारे द्वंद्वों का विलय हो जाता है। यह अद्वैतानुभूति की स्थिति है। इसी जीवन में इसे अनुभव किया जा सकता है। 'सुखदु:खे समे कृत्वा' स्थिति प्राप्त 'अहं ब्रह्मास्मि' की ओर बढ़ना तथा सांसारिक संबंधों से इतर आत्मसाक्षात्कार को हो मोक्ष माना गया है। वेदांत में यह स्थिति जीवनमुक्ति की स्थिति कहलाती है।

□

अध्याय-4

गीता धर्म शास्त्र है या मानस शास्त्र
Geeta is a Psychology Treatise

गीता इतनी दुरूह या कठिन नहीं है, जितना इसे बना दिया गया है।

1. इसका पहला कारण शायद 1200 साल की गुलामी के कारण संस्कृत भाषा की जानकारी या ज्ञान सिमटता गया; क्योंकि मुसलिम आक्रांताओं ने अपनी भाषा फारसी को राज-काज की भाषा हेतु तरजीह दी तो आमजन को भी उसे पढ़ने को मजबूर होना पड़ा। फिर अंग्रेजों ने अपनी भाषा थोप दी। इस तरह जन-मान ससंस्कृत से दूर होता गया।
2. दूसरा कारण रहा गीता के वजूद में आने की पृष्ठभूमि से अनभिज्ञता।
3. तीसरा कारण इसे धर्म के साथ जोड़ना, जबकि यह कहीं से भी आज के धार्मिक संदर्भ में फिट नहीं होती।

आइए, पहले इसकी पृष्ठभूमि पर विचार करें। यह माना जाता है कि यह ज्ञान महाभारत युद्ध के प्रथम दिन श्रीकृष्ण द्वारा अर्जुन को सौंपा गया था। महाभारत का युद्ध कुरु वंश के दो धड़ों—पांडवों व कौरवों के मध्य हुआ था। कोई भी लड़ाई या युद्ध छोटा हो या बड़ा, देशों के बीच हो, परिवार में हो या राजाओं के बीच, वह किसी-न-किसी कारण से होता है। बहुत बार कारण होता कुछ है, दिखता कुछ है। जैसे कहने भर को प्रथम विश्वयुद्ध का कारण 28 जून, 1914 को बोस्निया के सर्ब यूगोस्लाव राष्ट्रवादी गैवरिलो प्रिंसिपल

ने साराजेवो में ऑस्ट्रो-हंगेरियन वारिस आर्कड्यूक फ्रांज फर्डिनेंड की हत्या कर दी थी, लेकिन यह हत्या मात्र एक ट्रिगर भर थी। असल में अनेक कारण थे, जिनमें रूस द्वारा सर्बिया, जो कभी रूस का हिस्सा था, उसे वापस लेने की मंशा भी थी। अन्य कई ज्ञात कारण थे तो कुछ अज्ञात कारण भी रहे होंगे।

वर्ल्ड वॉर-2

कई मायनों में द्वितीय विश्वयुद्ध, प्रथम विश्वयुद्ध से उत्पन्न अशांति का सीधा परिणाम था। द्वितीय विश्वयुद्ध के मुख्य कारणों में से कुछ इस प्रकार गिने जाते हैं—

वर्साय की संधि : वर्साय की संधि मित्र देशों द्वारा प्रथम विश्वयुद्ध समाप्त होने पर जर्मनी पर थोपी गई थी। मित्र देशों द्वारा झेले गए युद्ध के नुकसान की 'जिम्मेदारी स्वीकार' करने की थी, जिससे जर्मनी को बड़ी धनराशि का भुगतान के लिए मजबूर किया गया। जर्मन अर्थव्यवस्था बिगड़ गई व उन्हें शर्मिंदगी उठानी पड़ी थी। हिटलर ने उन्हें उम्मीद पैदा की और जर्मनी का तानाशाह बन गया।

जापानी विस्तार : द्वितीय विश्वयुद्ध से पहले की जापान तेजी से बढ़ रहा था। एक द्वीप राष्ट्र के रूप में उनके पास अपने विकास को बनाए रखने के लिए भूमि या प्राकृतिक संसाधन नहीं थे। जापान ने साम्राज्य बढ़ने हेतु 1931 में मंचूरिया और 1937 में चीन पर हमला किया।

फासीवाद : प्रथम विश्वयुद्ध से उत्पन्न आर्थिक उथल-पुथल ने कुछ देशों में, यथा—स्पेन का तानाशाह, फ्रैंको इटली के मुसोलिनी की विस्तारवादी तमन्नाएँ।

तुष्टीकरण विश्व : प्रथम विश्वयुद्ध से यूरोपीय राष्ट्र थके हुए थे और युद्ध नहीं चाहते थे। जब इटली और जर्मनी जैसे देशों ने पड़ोसी देशों पर कब्जा किया, तब ब्रिटेन और फ्रांस जैसे देशों ने 'तुष्टीकरण' के माध्यम से शांति बनाए रखने हेतु उन्हें रोकने की कोशिश इस आशा से नहीं की कि वे बस इतना कब्जा कर संतुष्ट हो जाएँगे और कोई बड़ा युद्ध नहीं होगा।

ग्रेट डिप्रेशन : द्वितीय विश्वयुद्ध से पहले दुनिया भर में महान् आर्थिक मंदी (ग्रेट डिप्रेशन) ने दुनिया भर में अशांति व अस्थिरता पैदा कर दी थी।

आप कहेंगे कि इन सब बातों का गीता या महाभारत से क्या संबंध?

संबंध है जनाब! उपरोक्त घटनाएँ हमारे आसपास कुछ दिन पहले घटित हुईं, जिनका ब्योरा उपलब्ध है। महाभारत युद्ध से पहले जो हुआ, उसे हम भूल चुके हैं। आइए, कुछ याद करें कि पुस्तकें उस समय के बारे में क्या कहती हैं।

पहले श्रीकृष्ण के इतिहास को ताजा करें।

श्रीकृष्ण : हिंदू धर्म में भगवान् हैं। वे विष्णु के 8वें अवतार माने गए हैं। कन्हैया, श्याम, गोपाल, केशव, द्वारकेश या द्वारकाधीश, वासुदेव आदि नामों से भी उनको जाना जाता है। कृष्ण निष्काम कर्मयोगी, आदर्श दार्शनिक, स्थितप्रज्ञ एवं दैवी संपदाओं से सुसज्जित महान् लीला पुरुष थे।

कृष्ण वसुदेव और देवकी की आठवीं संतान थे। देवकी कंस की बहन थी। कंस एक अत्याचारी राजा था। उसने आकाशवाणी सुनी थी कि देवकी के आठवें पुत्र द्वारा वह मारा जाएगा। इससे बचने के लिए कंस ने देवकी और वसुदेव को मथुरा के कारागार में डाल दिया। मथुरा के कारागार में ही भादो मास के कृष्ण पक्ष की अष्टमी को उनका जन्म हुआ। कंस के डर से वसुदेव ने नवजात बालक को रात में ही यमुना पार गोकुल में यशोदा के यहाँ पहुँचा दिया। गोकुल में उनका लालन-पालन हुआ था। यशोदा और नंद उनके पालक माता-पिता थे।

यानी उस काल और भारत भू के उस हिस्से में भी युद्ध की भूमिका तैयार हो रही थी।

आइए, अब कुरु वंश के इतिहास पर ध्यान दें।

जिस तरह मनुष्य बूढ़ा होता है, उसे बीमारियाँ होने लगती हैं और मृत्यु हो जाती है। कमोबेश उसी तरह राजवंश भी बनते हैं, विस्तार लेते हैं, फिर उनमें बुराइयाँ पैदा होती हैं, वे भी खत्म हो जाते हैं। विश्व इतिहास उनके किस्सों से भरा पड़ा है। मुगल वंश इसका नवीनतम उदाहरण है। राजनीति में भी कांग्रेस

लगभग उसी कगार पर है। अनेक कथाओं से यही पता लगता है कि कुरु वंश की शुरुआत राजा कुरु से हुई थी।

कुरु वंश : कुरुवंश के एक पुरखे थे ययाति। ययाति के प्रमुख पाँच पुत्र थे—1. यदु, 2. तुर्वस, 3. अनु, 4. द्रुहु और 5. पुरु। जिन्हें वेदों में 'पंचनंद' कहा गया है।

कथा अनुसार 7200 ईसा पूर्व अर्थात् आज से 9200 वर्ष पूर्व ययाति के इन पाँचों पुत्रों का संपूर्ण धरती पर राज था। पाँचों पुत्रों ने अपने-अपने नाम से राजवंशों की स्थापना की। यदु से यादव, तुर्वसु से यवन, द्रुहु से भोज, अनु से मलेच्छ और पुरु से पौरव व कालांतर में उनके पौत्र कुरु से हुई थी। वे इस वंश के प्रथम पुरुष थे।

कौन थे ययाति ? जब देवराज इंद्र ने वृत्रासुर नामक राक्षस का वध किया तो उनके ऊपर ब्रह्महत्या का पाप लग गया। ब्रह्महत्या का प्रायश्चित्त करने के लिए इंद्र एक हजार वर्षों के लिए स्वर्ग छोड़कर चले गए। इंद्रासन खाली नहीं रह सकता था, इसलिए पृथ्वी के प्रतापी राजा नहुष को इंद्रासन पर बैठा दिया गया। नहुष के छह पुत्र हुए, जिसमें बड़े पुत्र का नाम याति और दूसरे पुत्र का नाम ययाति था।

राजा नहुष के बड़े पुत्र याति ने वैराग्य धारण कर लिया था, इसलिए राजा नहुष ने अपने दूसरे पुत्र ययाति को उत्तराधिकारी घोषित कर दिया। ययाति ने अपने छोटे भाइयों को चारों दिशाओं में राज्य करने के लिए भेज दिया और स्वयं पृथ्वी के सम्राट् बन गए। उन्होंने दैत्यों के गुरु शुक्राचार्य की पुत्री देवयानी से विवाह कर लिया। शुक्राचार्य के शिष्य एवं दैत्यों के राजा वृषपर्वा की पुत्री शर्मिष्ठा एक दासी की तरह देवयानी के साथ भेज दी गई।

शुक्राचार्य ने ययाति को आदेश दिया था कि वह शर्मिष्ठा के साथ यौन संबंध न बनाए और कोई संतान उत्पत्ति न करें। किंतु शर्मिष्ठा की सुंदरता देख एक दिन ययाति विचलित हो उठे और उन्होंने संबंध बना लिया। देवयानी से दो पुत्र और शर्मिष्ठा से तीन पुत्र हुए। जब शुक्राचार्य को यह बात मालूम चली तो उन्होंने ययाति को बूढ़ा और शुक्र विहीन हो जाने का शाप दे दिया। माफी

माँगने पर शुक्राचार्य ने कहा कि अगर कोई अपनी जवानी तुम्हें देकर तुमसे बुढ़ापा ले ले तो तुम भोग-विलास कर पाओगे।

पुरु की पितृभक्ति : ययाति अभी और भोग-विलास करना चाहते थे, पर श्राप के कारण बूढ़े हो चुके थे। इसलिए उन्होंने अपने पाँचों पुत्रों को बुलाया और पूछा कि क्या कोई उन्हें अपना यौवन दे सकता है? सबने मना कर दिया। ययाति दुःखी हो गए। उनका दुःख उनके पुत्र पुरु से न देखा गया। उन्होंने अपने पिता के लिए अपना यौवन त्याग दिया और बदले में पिता का बुढ़ापा ले लिया।

पुरु के इस त्याग के बाद ययाति कई सौ साल तक भोग-विलास का आनंद उठाते रहे। एक दिन अचानक उन्हें अनुभव हुआ कि उन्होंने अपने पुत्र के साथ अन्याय कर दिया है। उन्होंने पुरु को उसका यौवन लौटा दिया और अपना उत्तराधिकारी घोषित करके सम्राट् नियुक्त कर दिया। पुरु को पितृभक्ति का फल मिला और उन्हें एक आज्ञाकारी सुपुत्र के रूप में ख्याति मिली। उन्हीं पुरु से हस्तिनापुर के कौरव और पांडवों का जन्म हुआ।

पुरु सबसे छोटा था, लेकिन पिता ने बड़े पुत्रों को राज्य न देकर पुरु को राज्य देकर नियम का, परंपरा का उल्लंघन किया।

यही कुछ अन्याय भीष्म के साथ हुआ। बूढ़े शांतनु द्वारा सत्यवती के विवाह के कारण, जिसके फलस्वरूप अन्याय की शृंखला बनती गई।

बूढ़े अशक्त शांतनु व सत्यवती के चित्रांगद और विचित्रवीर्य नामक दो पुत्र हुए। शांतनु का स्वर्गवास, चित्रांगद और विचित्रवीर्य के बाल्यकाल में ही हो गया था, इसलिए उनका पालन-पोषण भीष्म ने किया। भीष्म ने चित्रांगद के बड़े होने पर उन्हें राजगद्दी पर बिठा दिया, लेकिन कुछ ही काल में गंधर्वों से युद्ध करते हुए चित्रांगद मारा गया। इस पर भीष्म ने उनके अनुज विचित्रवीर्य को राज्य सौंप दिया। अब भीष्म को विचित्रवीर्य के विवाह की चिंता हुई। उन्हीं दिनों काशीराज की तीन कन्याओं—अंबा, अंबिका और अंबालिका का स्वयंवर होनेवाला था। उनके स्वयंवर में जाकर भीष्म ने वहाँ आए समस्त राजाओं को परास्त कर दिया और तीनों कन्याओं का हरण करके हस्तिनापुर

ले आए। बड़ी कन्या अंबा ने भीष्म को बताया कि वह अपना तन-मन राज शाल्व को अर्पित कर चुकी है। उसकी बात सुनकर भीष्म ने उसे राजा शाल्व के पास भिजवा दिया और अंबिका तथा अंबालिका का विवाह विचित्रवीर्य के साथ करवा दिया।

विचित्रवीर्य अपनी दोनों रानियों के साथ भोग-विलास में रत हो गए, किंतु दोनों ही रानियों से उनकी कोई संतान नहीं हुई और वे क्षय रोग से पीड़ित होकर मृत्यु को प्राप्त हो गए। अब कुल नाश होने के भय से माता सत्यवती ने एक दिन भीष्म से कहा, "पुत्र! इस वंश को नष्ट होने से बचाने के लिए मेरी आज्ञा है कि तुम इन दोनों रानियों से पुत्र उत्पन्न करो।" माता की बात सुनकर भीष्म ने कहा, "माता! मैं अपनी प्रतिज्ञा किसी भी स्थिति में भंग नहीं कर सकता।"

माता सत्यवती अपने विवाह पूर्व ऋषि पराशर से उत्पन्न पुत्र वेदव्यास को बुलाकर बोलीं, "हे पुत्र! तुम्हारे सभी भाई निस्संतान ही स्वर्गवासी हो गए। अत: मेरे वंश को नाश होने से बचाने के लिए मैं तुम्हें आज्ञा देती हूँ कि तुम उनकी पत्नियों से संतान उत्पन्न करो।" वेदव्यास उनकी आज्ञा मानकर बोले, "माता!" वेदव्यास सबसे पहले बड़ी रानी अंबिका के पास गए। अंबिका ने उनके तेज से डरकर अपने नेत्र बंद कर लिये। वेदव्यास लौटकर माता से बोले, "माता अंबिका का बड़ा तेजस्वी पुत्र होगा, किंतु नेत्र बंद करने के दोष के कारण वह अंधा होगा।" सत्यवती को यह सुनकर अत्यंत दु:ख हुआ और उन्होंने वेदव्यास को छोटी रानी अंबालिका के पास भेजा। अंबालिका वेदव्यास को देखकर भय से पीली पड़ गई। उसके कक्ष से लौटने पर वेदव्यास ने सत्यवती से कहा, "माता! अंबालिका के गर्भ से पांडु रोग से ग्रसित पुत्र होगा।" इससे माता सत्यवती को और भी दु:ख हुआ और उन्होंने बड़ी रानी अंबालिका को पुन: वेदव्यास के पास जाने का आदेश दिया। इस बार बड़ी रानी ने स्वयं न जाकर अपनी दासी को वेदव्यास के पास भेज दिया। इस बार वेदव्यास ने माता सत्यवती के पास आकर कहा, "माते! इस दासी के गर्भ से वेद-वेदांत में पारंगत अत्यंत नीतिवान पुत्र उत्पन्न होगा।" इतना कहकर वेदव्यास तपस्या करने चले गए।

समय आने पर अंबिका के गर्भ से जन्मांध धृतराष्ट्र, अंबालिका के गर्भ से रोग से ग्रसित पांडु तथा दासी के गर्भ से धर्मात्मा विदुर का जन्म हुआ।

यानी राजगद्दी के अधिकारी दोनों धृतराष्ट्र व पांडव भी रुग्णता लिये पैदा हुए।

उसके बाद देखिए, गलत काम होते चले गए। पुत्र युवा हुए तो बड़े पुत्र धृतराष्ट्र को नहीं, बल्कि पांडु को राजा बनाया गया, क्योंकि धृतराष्ट्र अंधे थे और विदुर दासीपुत्र थे। पांडु की मृत्यु के बाद धृतराष्ट्र को राजा बनाया गया।

भीष्म ने धृतराष्ट्र का विवाह गांधार की राजकुमारी गांधारी से कराया था। विवाह से पूर्व गांधारी को यह बात मालूम नहीं थी कि धृतराष्ट्र अंधे हैं। जब गांधारी को यह बात मालूम हुई तो उसने भी अपनी आँखों पर पट्टी बाँध ली। अब पति और पत्नी दोनों अंधे के समान हो गए थे। धृतराष्ट्र और गांधारी के सौ पुत्र और एक पुत्री थी। दुर्योधन सबसे बड़ा और सबसे प्रिय पुत्र था। दुर्योधन के प्रति धृतराष्ट्र को अत्यधिक मोह था। इसी मोह के कारण दुर्योधन के गलत कार्यों पर भी वे मौन रहे। दुर्योधन की गलत इच्छाओं को पूरा करने के लिए भी हमेशा तैयार रहते थे। यही मोह पूरे वंश के नाश का कारण बना।

धृतराष्ट्र ने मरवाया था गांधारी के परिवार को

कथा है—धृतराष्ट्र का विवाह गांधार देश की गांधारी के साथ हुआ था। गांधारी की कुंडली में दोष होने की वजह से एक साधु के कहे अनुसार उसका विवाह पहले एक बकरे के साथ किया गया था। बाद में उस बकरे की बलि दे दी गई थी। यह बात गांधारी के विवाह के समय छुपाई गई थी। जब धृतराष्ट्र को इस बात का पता चला तो उसने अपने ससुर गांधार नरेश सुबाला और उसके 100 पुत्रों को कारावास में डाल दिया और काफी यातनाएँ दीं।

एक-एक करके सुबाला के सभी पुत्र मरने लगे। उन्हें खाने के लिए सिर्फ मुट्ठी भर चावल दिए जाते थे। सुबाला ने अपने सबसे छोटे बेटे शकुनि को प्रतिशोध के लिए तैयार किया। सब लोग अपने हिस्से के चावल शकुनि को देते थे, ताकि वह जीवित रहकर कौरवों का नाश कर सके। मृत्यु से पहले

सुबाला ने धृतराष्ट्र से शकुनि को छोड़ने की विनती की, जो धृतराष्ट्र ने मान ली। शकुनि ने हस्तिनापुर में सबका विश्वास जीता और 100 कौरवों का अभिभावक बना। उसने न केवल दुर्योधन को युधिष्ठिर के खिलाफ भड़काया, बल्कि महाभारत के युद्ध का आधार भी बनाया।

कुंती : उसके विवाह पूर्व पुत्र कर्ण के जन्म व पांडु अकस्मात् क्षय रोग के शिकार हो संतान उत्पत्ति के अयोग्य होने पर कुंती द्वारा देवताओं के माध्यम से 3 पुत्रों को जन्म दिया, जो युधिष्ठिर, अर्जुन तथा भीम थे। पांडु की दूसरी पत्नी माद्री ने कुंती की सहायता से, अश्विनीकुमारों के माध्यम से नकुल और सहदेव उत्पत्ति की कथाएँ सर्वविदित हैं।

द्रौपदी : फिर कुरु वंश में नित-नए अनाचारों एवं द्रौपदी के पाँच पति होने के तथ्य देखें।

भारतीय शिक्षा पद्धति के पतन की कथा भी इस युद्ध में योगदान या समाज के पतन का इतिहास है। ध्यान करें कि उस समय तक भारत में गुरुकुल शिक्षा पद्धति चली आ रही थी। सुदामा व श्रीकृष्ण संदीपनी ऋषि के गुरुकुल में पढ़े थे। लेकिन पुत्र व्यथा से पीड़ित राजमाता सत्यवती ने भीष्म को अपने पौत्रों की शिक्षा के लिए महल में ही इंतजाम हेतु आदेश दिया। इस तरह भारत में वेतनभोगी अध्यापक काल आरंभ हुआ। पहली बार शिक्षक ऋषि की पदवी से पदच्युत होकर आचार्य बने। द्रोणाचार्य व कृपाचार्य पहले आचार्य या वेतनभोगी शिक्षक बने।

यूँ तो अनेक अन्य कथाएँ भी हैं, लेकिन हम इन्हीं कथाओं के इतिहास से समझ गए कि उस समय युद्ध के बादल समाज, देश के सिर पर मँडरा रहे थे।

आखिर महभारत युद्ध क्यों भड़का ? क्या था ट्रिगर ?

महाभारत (पुस्तक 1, अध्याय 209) पांडवों की पांचाल राज द्रुपद की पुत्री द्रौपदी से विवाह उपरांत मित्रता के बाद वे काफी शक्तिशाली हो गए थे। तब हस्तिनापुर के महाराज धृष्टराष्ट्र ने उन्हें राज्य में बुलाया। धृष्टराष्ट्र ने युधिष्ठिर को संबोधित करते हुए कहा, "हे कुंती पुत्र! अपने भ्राताओं के संग

जो मैं कहता हूँ, सुनो। तुम खांडवप्रस्थ के वन को हटाकर अपने लिए एक नगर का निर्माण करो, जिससे कि तुममें और मेरे पुत्रों में कोई अंतर न रहे। यदि तुम अपने स्थान में रहोगे तो तुमको कोई भी क्षति नहीं पहुँचा पाएगा। पार्थ द्वारा रक्षित तुम खांडवप्रस्थ में निवास करो और आधा राज्य भोगो।"

धृतराष्ट्र के कथनानुसार, पांडवों ने हस्तिनापुर से प्रस्थान किया। आधे राज्य के आश्वासन के साथ उन्होंने खांडवप्रस्थ के वनों को हटा दिया। उसके उपरांत पांडवों ने श्रीकृष्ण के साथ मय दानव की सहायता से उस शहर का सौंदर्यीकरण किया। इंद्रप्रस्थ नामक यह शहर एक द्वितीय स्वर्ग के समान हो गया। उसके बाद एक आयोजन हुआ, गृह प्रवेश सरीखा। जिसमें कहते हैं कि द्रौपदी ने दुर्योधन को अंधे का बेटा अंधा कह दिया था। अपने पिता व भाइयों की हत्या का बदला लेने की आग में जल रहे मामा शकुनि ने दुर्योधन के कान भरकर युधिष्ठिर को जुआ खेलने हेतु बुलावा भेजा।

महाभारत का युद्ध कई कारणों से हुआ था, जिसमें सबसे बड़ा कारण भूमि या राज्य बँटवारे को लेकर था। बहुत दिनों की कशमकश के बाद भी जब कोई हल नहीं निकला तो फिर द्युतक्रीड़ा का आयोजन किया गया। द्युतक्रीड़ा में पांडव इंद्रप्रस्थ सहित सबकुछ हार गए, अपमान सहना पड़ा, द्रौपदी का चीरहरण हुआ और अंततः उनको 12 वर्ष का वनवास मिला। वनवास काल में कई राजाओं से मैत्री कर पांडवों ने अपनी शक्ति को बढ़ाया और कौरवों से युद्ध करने की ठानी। यानी वर्साय की संधि की तरह संधि टूटने से ट्रिगर बन गया, जबकि कुरु कुल की विलासिता जुए की आदत ने उसे पहले ही पतन की ओर ढकेल दिया था।

□

अध्याय-5

गीता एक सांकेतिक ग्रंथ

महाभारत एक काव्य है, महाकाव्य और हम जानते हैं कि काव्य प्रतीक या इशारों में अपने अर्थ खोलता है, यथा—

भागते हम थे रहे भाग मिल्खा की तरह/
उम्र बीती काम बाकी सारा रह गया।

इस शेर में मिल्खा प्रतीक है—एक तो धावक का। हर व्यक्ति पुरुष हो या स्त्री, उम्र भर दौड़ ही तो लगाता रहता है। जन्म से आरंभ हुई दौड़ मृत्यु तलक चलती रहती है।

मिल्खा काम अधूरा रहने का भी प्रतीक है—जी, वह भी तो ओलंपिक मेडल पाने से रह गया। यही नहीं, यहाँ एक अन्य बात भी है कि मिल्खा क्यों काम पूरा नहीं कर सका, मेडल क्यों हार गया? कहते हैं कि वह लक्ष्य के समीप पहुँचकर दूसरे या तीसरे स्थान नंबर पर था, तभी उसने पीछे मुड़कर देखा। इस एक पल ने उसे चौथे स्थान पर ला दिया। क्यों देखा उसने, क्योंकि उसके पाँव पर मन का कब्जा हो गया था कि देखूँ मेरा पिछला कितनी दूर है, बस इसी चूक ने उसके सपने, उसके कार्य को चकनाचूर कर दिया।

एक अद्‌भुत संकेत समझें पहले, गीता के 18 अध्याय समाप्त होते ही महाभारत आरंभ हो गई।

लेकिन महाभारत भी एक इशारा प्रतीक है, यानी युद्ध और यह युद्ध कभी खत्म नहीं होता, क्योंकि यह युद्ध किसी दूसरे से नहीं, खुद से है; अपने मन से, जो युद्ध के लिए नित नए कारण तलाश करता रहता है। कभी पत्नी से या पति से, कभी पुत्र या पिता से, दोस्त से बॉस से इत्यादि।

18 की या 8+1 मूल अंक क्यों इतनी बार दोहराया गया है महाभारत में, उसी का अंग तो गीता है, इसका वैज्ञानिक विश्लेषण भी देखते चलें।

सोचने की बात है—ऋषि वेदव्यासजी ने महाभारत ग्रंथ की रचना की थी, तब उन्होंने इसे कुल 18 पर्वों में विभाजित किया था—आदि पर्व, सभा पर्व, वन पर्व, विराट् पर्व, उद्योग पर्व, भीष्म पर्व, द्रोण पर्व, अश्वमेधिक पर्व, सौप्तिक पर्व, स्त्री पर्व, शांति पर्व, महाप्रस्थानिक पर्व, अनुशासन पर्व, मौसुल पर्व, कर्ण पर्व, शल्य पर्व, स्वर्गारोहण पर्व तथा आश्रमवासिका पर्व।

18 अक्षौहिणी सेना

कौरव तथा पांडवों की सेना में कुल 18 अक्षौहिणी सेना थी, जिसमें कौरवों की तरफ से 11 तथा पांडवों की तरफ से 7 सेना थी। जहाँ एक अक्षौहिणी सेना में कुल 21,870 रथ, 21,870 हाथी, 65,610 घोड़े तथा 1,09,350 सैनिक यानी कुल मिलाकर एक अक्षौहिणी सेना में कुल 2,18,700 सैनिक होते हैं, जिसे आदि पर्व में बताया गया है। अब आश्चर्य की बात यह है कि हर एक संख्या को जोड़ा जाए तो भी 18 ही आते हैं।

18 प्रमुख सूत्रधार

इस युद्ध में कुल 18 प्रमुख सूत्रधार थे, जिनके नाम कुछ इस प्रकार हैं—

धृतराष्ट्र, दुर्योधन, दुशासन, कर्ण, शकुनि, भीष्म, गुरु द्रोण, कृपाचार्य, अश्वत्थामा, कृतवर्मा, श्रीकृष्ण, विदुर, युधिष्ठिर, भीम, अर्जुन, नकुल, सहदेव और द्रौपदी।

18 दिन का युद्ध

यह तो आप सभी जानते ही होंगे कि महाभारत का युद्ध कुल 18 दिन तक चला था।

18 दिन का गीता ज्ञान

भगवान् श्रीकृष्ण ने कुल 18 दिन तक अर्जुन को श्रीमद्भगवद्गीता का यह ज्ञान दिया था।

18 अध्याय

इसलिए श्रीमद्भगवद्गीता, जिसे महान् ग्रंथ माना जाता है, उसमें कुल 18 अध्याय हैं। क्या आप जानते हैं कि यह श्रीमद्भगवद्गीता किस पर्व से लिया गया है? तो आपको बता दें कि वह उन्हीं पर्वों में से एक है, जोकि विश्व पर्व है।

18 महारथी जीवित बचे

महाभारत के इस युद्ध में 18 महारथी ही जीवित बचे थे, जिसमें पांडवों की तरफ से 15 तथा कौरवों की तरफ से 3 ही महारथी बचे थे।

तो कहीं इस 18 की संख्या में भी कवि ऋषि वेदव्यास मन का संकेत तो नहीं दे रहे! आइए, मेरे अल्प चिकित्सकीय ज्ञान से इसे कुछ-कुछ समझने का प्रयत्न करें।

विज्ञान हमें बतलाता है कि पीरियड (माहवारी) खत्म होने से लगभग 14 दिन बाद ओव्यूलेशन होता है।

अधिकांश महिलाओं का औसत मासिक धर्म चक्र 28 दिनों का होता है, 14 दिन के आसपास ओव्यूलेट करती हैं और आपके सबसे उपजाऊ, सबसे उर्वर दिन तीन या चार दिन होते हैं, जो ओव्यूलेशन के दिन तक इसमें शामिल होते हैं।

क्योंकि अंडे और शुक्राणु थोड़े समय के लिए ही जीवित रहते हैं।

शुक्राणु लगभग पाँच दिनों तक जीवित रहते हैं।

अंडाशय से निकलने के बाद लगभग 24 घंटे (एक दिन) तक ही अंडों को निषेचित किया जा सकता है।

भ्रूण बनाने के लिए, निषेचन होने के लिए अंडे और शुक्राणु को सही समय पर एक साथ आने की आवश्यकता होती है।

तो क्या हम यह नहीं कह सकते कि पीरियड शुरू होने से ओव्यूलेट करने की अवधि 18 दिन होती है! तो क्या उपरोक्त ग्रंथों में 18 संख्या मात्र एक संयोग है या इसका जीवविज्ञान से भी संबंध है? क्योंकि अन्य जीवों में न तो पीरियड 28 दिन के होते हैं, अलग-अलग अवधि रहती है, अतः न ही ओव्यूलेट 18वें दिन होते हैं।

यही नहीं, अवसाद में पीरियड अवधि कम या ज्यादा होना भी एक महत्त्वपूर्ण कारण होता है। और अवसाद, क्रोध, लोभ आदि की तरह मन के कारण हो तो होता है। और गीता मन को शांत करने, अपने गुण, कर्म और स्वभाव को समझकर कार्य करने या कर्म योग अपनाने का ज्ञान ही तो देती है।

□

अध्याय-6

धर्म-कर्म-ईश्वर

आइए, अब चलते हैं गीता की ओर।

गीता में कुछ शब्द बार-बार रिपीट (दोहराए जाते) होते हैं, वे हैं—धर्म, कर्म व ईश्वर।

कर्म सबसे अधिक बार आता है। उसके बाद कर्म से लगभग एक-चौथाई या उससे भी कम बार धर्म आता है, फिर ईश्वर।

इन तीनों शब्दों में गीता रहस्य छुपा है, इन्हें समझे बिना गीता को समझना कठिन ही नहीं, असंभव है—

यदा यदा हि धर्मस्य ग्लानिर्भवति भारत।
अभ्युत्थानमधर्मस्य तदात्मानं सृजाम्यहम्॥ 4-7॥
परित्राणाय साधूनां विनाशाय च दुष्कृताम्।
धर्मसंस्थापनार्थाय सम्भवामि युगे युगे॥ 4-8॥

यह श्लोक गीता के प्रमुख श्लोकों में से एक है। इस श्लोक का वर्णन महाभारत में भगवान् श्रीकृष्ण ने किया था, जब अर्जुन ने कुरुक्षेत्र में युद्ध करने से मना कर दिया था। यह धर्माचार्यों द्वारा सबसे अधिक बोला जाता है।

शब्दार्थ : जब-जब धर्म की हानि होती है, तब-तब मैं आता हूँ, मैं प्रकट होता हूँ, मैं आता हूँ, जब-जब अधर्म बढ़ता है, तब-तब मैं आता हूँ, सज्जन लोगों की रक्षा के लिए मैं आता हूँ, दुष्टों के विनाश करने के लिए मैं आता हूँ, धर्म की स्थापना के लिए में आता हूँ और युग-युग में जन्म लेता हूँ।

यह श्लोक गीता का सार है। इसमें कुछ शब्द ध्यान देने योग्य हैं—

1. धर्म
2. सज्जन
3. दुष्ट
4. कर्म
5. योग—सांख्य, कर्म, भक्ति
6. सबसे महत्त्वपूर्ण है (मैं)

सज्जन कौन और दुष्ट कौन?

दुष्ट तो वे हैं, जो कुरुक्षेत्र के मैदान में लड़ने को खड़े हैं। आप कह सकते हैं कि वे तो राजाओं द्वारा लाए गए सैनिक हैं; जो गरीब हैं, रोजी-रोटी के लिए आए हैं, वे दुष्ट नहीं हैं। मान लिया कि वे उस भाव में, जिस भाव में आप दुर्योधन को दुष्ट मानते हैं। लेकिन लड़ने को आए हैं, स्वभाव से लड़ाकू हैं। आप कह सकते हैं कि मुझे कैसे पता उनके स्वभाव का? ध्यान करें—भारतीय सेना में राजपूत रेजिमेंट हैं, जाट रेजिमेंट है, सिख व गोरखा रेजिमेंट्स भी हैं, लेकिन कोई बनिया रेजिमेंट नहीं है। क्यों? क्योंकि राजपूत, जाट, सिख व गोरखा मार्शल या लड़ाकू कौम कहलाते हैं। वे खुद भी गर्वपूर्वक कहते हैं कि हम मार्शल कौम हैं! वे जब फौज में भरती होने जाते हैं तो उन्हें पता होता है कि कभी भी मौत का सामना करना पड़ सकता है, लोग शहीद होकर आ रहे हैं, उनके अपने पिता, भाई शहीद हो गए, वे फिर भी जाते हैं आर्मी में।

तो लड़ने पर उतारू को हम आम भाषा में क्या दुष्ट नहीं कहते? और जो दुबककर घर बैठे हैं, वे सज्जन नहीं हुए! आप कह सकते हैं कि लड़ना उनका धर्म है, मान लेता हूँ। आगे चलकर हम इसी धर्म की बात भी करेंगे, पर पहले ईश्वर से मिल लें, जान लें।

ईश्वर?

उपनिषदों के चार महावाक्यों में से एक महावाक्य है—'अहं ब्रह्मास्मि'।

महावाक्य पूरे आध्यात्मिक शास्त्रों का निचोड़ है। ...अहं ब्रह्मास्मि का सरल अर्थ है, 'अहं ब्रह्म अस्मि', अर्थात् मैं ब्रह्म हूँ।

मैं ही ब्रह्म हूँ, तू मेरी शरण में आ। इस श्लोक यह 'मैं' कौन है ? पहले इसे ही समझने की कोशिश करते हैं। धर्मगुरु कहते हैं कि यहाँ 'मैं' का अर्थ ईश्वर ही है। धर्मगुरु यह भी कहते हैं कि ईश्वर सर्वशक्तिमान है, सर्वव्यापी है। आमतौर पर हम सब भी ब्रह्म का अर्थ भगवान् समझ मान लेते हैं, लेकिन क्या वास्तव में हमारे धर्मग्रंथों में यही अर्थ है, आइए देखें।

और गीता के 18वें अध्याय के 61वें श्लोक में श्रीकृष्ण स्वयं कहते हैं—

ईश्वरः सर्वभूतानां हृद्देशेऽर्जुन तिष्ठति।
भ्रामयन्सर्वभूतानि यन्त्रारूढानि मायया॥ 61॥

हे अर्जुन! शरीर रूपी यंत्र में आरूढ़ हुए संपूर्ण प्राणियों को अंतर्यामी परमेश्वर अपनी माया से उनके कर्मों के अनुसार भ्रमण कराता हुआ सब प्राणियों के हृदय में स्थित है।

अब जब ईश्वर सर्वशक्तिमान है और सबके हृदय में वास करता है तो उनके विचार बदल क्यों नहीं देता ?

क्यों लड़ाता है ? क्यों धोखा देने देता है ?

और अगर वह हृदय में रहते हुए भी ऐसा नहीं कर या करवा सकता तो सर्वशक्तिमान कैसे हुआ ? और अगर यह ईश्वर नहीं है तो कौन है ? यह 'मैं' कौन है, जो दुष्टों का नाश करता है ?

हम जानते हैं कि प्रकृति का एक नियम है, संतुलन बनाए रखना।

उसने सबसे अधिक संख्या के वे जीव बनाए, जो केवल न्यूनतम जरूरतों से गुजारा करते हैं, यथा—

घास, पेड़-पौधे; वे मात्र मिट्टी, हवा, धूप, पानी से ही बढ़ते रहते हैं।

फिर वे जीव, जो घास-फूस पर जीवन-यापन करते हैं। इसलिए खरगोश आदि के अधिक बच्चे होते हैं एक प्रसव में, जबकि घास खानेवाले बड़े जीव हाथी, भैंस, गाय केवल एक शिशु को जन्म देते हैं।

इसी तरह पशुओं को आहार बनानेवाले शेर, बाघ आदि की संख्या कम

है, उनके आकार, पेट व शरीर भी हाथी, गाय, भैंस के मुकाबले छोटे हैं। अगर हाथी, भैंसा मांसाहारी होते तो एक साथ कितने जानवर लील जाते!

सबसे कम संख्या थी मानव की, क्योंकि यह किसी को नहीं छोड़ता।

संतुलन बनाए रखने का एक और नियम है, जंगल अधिक हो जाएँ तो आग लग जाती है, बाढ़ आती है या सूखा पड़ता है। महामारी भी प्राकृतिक संतुलन का एक नियम था।

तो क्या मनुष्यों की संख्या के संतुलन का एक और तरीका प्रकृति ने निकाला। वह है—युद्ध तथा महामारी।

इस श्लोक को फिर देखें—

ईश्वरः सर्वभूतानां हृद्देशेऽर्जुन तिष्ठति।
भ्रामयन्सर्वभूतानि यन्त्रारूढानि मायया॥ 61॥

हे अर्जुन! शरीर रूपी यंत्र में आरूढ़ हुए संपूर्ण प्राणियों को अंतर्यामी परमेश्वर अपनी माया से उनके कर्मों के अनुसार भ्रमण कराता हुआ सब प्राणियों के हृदय में स्थित है।

क्यों कहा कि हृदय में रहता हूँ, क्यों नहीं कहा कि दिमाग में रहता हूँ?

क्योंकि दिमाग हर काम सोच-विचारकर करता है और हृदय भावना में बहकर कुछ भी कर बैठता है।

और दिमाग पर इन विचारों की ऐसी प्रतिक्रिया नहीं देखी जाती, जो असर हृदय पर होता है। मैं यहाँ मन का जिक्र नहीं कर रहा, बल्कि हृदय का कर रहा हूँ, जो सभी छाती में स्थित एक पंप है।

दृष्टेवमं स्वजनं कृष्ण युयुत्सुं समुपस्थितम्॥
सीदन्ति मम गात्राणि मुखं च परिशुष्यति।
वेपथुश्च शरीरे में रोमहर्षश्च जायते॥

—28वें का उत्तरार्ध और 29

अर्जुन बोले—हे कृष्ण! युद्ध क्षेत्र में डटे हुए युद्ध के अभिलाषी इस स्वजन समुदाय को देखकर मेरे अंग शिथिल हुए जा रहे हैं और मुख सूखा

जा रहा है तथा मेरे शरीर में कंपन (धड़कन व श्वास गति का बढ़ना) एवं रोमांच (घबराहट) हो रहा है।

गाण्डीवं स्रंसते हस्तात्वक्चैव परिदह्यते।
न च शक्नोम्यवस्थातुं भ्रमतीव च मे मनः॥ 30॥

हाथ से गांडीव धनुष गिर रहा है और त्वचा भी बहुत जल रही है तथा मेरा मन भ्रमित सा हो रहा है, इसलिए मैं खड़ा रहने को भी समर्थ नहीं हूँ।

मेरे खयाल से ईश्वर कोई काम बिना विचारे नहीं करता या कर सकता। तो यह कौन है, जो कह रहा है कि वह सब प्राणियों के हृदय में स्थित है, कहीं मन ही तो नहीं है, जो कौरवों और पांडवों को युद्ध हेतु प्रेरित कर रहा है!

यानी यह मैं ही संतुलन हेतु युद्ध करवाता हूँ। संतुलन किसके बीच, दुष्ट व सज्जनों के बीच। आखिर युद्ध में लड़ाके या दुष्टों का ही नाश तो होगा।

मैं कौन? युद्ध, सज्जन कौन? आम आदमी, दुष्ट कौन? शासक व लड़ने को तत्पर सैनिक।

न कोई सज्जन है, न दुर्जन, न शासक, न सैनिक, यह हमारा मन है, जिसमें अच्छे-बुरे विचार उठते रहते हैं। जिसमें कभी दुष्ट विचार तो कभी सात्त्विक विचार आते-जाते रहते हैं और मन या अर्जुन भी हम हैं और कृष्ण भी हम ही हैं।

ईश्वर या ब्रह्म असल में क्या है?

इसे उपनिषद् की एक कथा के माध्यम से बड़े सुंदर ढंग से जाना जा सकता है।

उपनिषद् हिंदू धर्म के महत्त्वपूर्ण श्रुति धर्मग्रंथ हैं। ये वैदिक वाङ्मय के अभिन्न भाग हैं। ये संस्कृत में लिखे गए हैं। इनकी संख्या लगभग 108 है, किंतु मुख्य उपनिषद् 13 हैं। हर एक उपनिषद् किसी-न-किसी वेद से जुड़ा हुआ है। इनमें परमेश्वर, परमात्मा-ब्रह्म और आत्मा के स्वभाव और संबंध का बहुत ही दार्शनिक और ज्ञानपूर्वक वर्णन दिया गया है।

ब्रह्म कौन या क्या ?

छांदोग्य उपनिषद् की कथा

ऋषि उद्दालक के बेटे का नाम श्वेतकेतु है। उद्दालक का बेटा श्वेतकेतु ज्ञान प्राप्त कर, शिक्षित होकर घर लौटा। पिता ने देखा, दूर गाँव की पगडंडी से आते हुए श्वेतकेतु की चाल में मस्ती कम, विनम्रता कम, और अकड़ ज्यादा दिख रही थी। उद्दालक सालों बाद अपने बेटे को इस तरह ज्ञान के मद में अकड़ कर घर लौटते देख कर उदास हो गया। उसने सोचा था कि विद्या प्राप्त कर वह विनम्र होकर लौटेगा। लेकिन विनम्रता उसमें लेशमात्र भी नहीं दिख रही थी, प्रकट हो रही थी। जबकि अकड़ तो हजारों कोस दूर से ही मूढ़ता की खबर दे देती है। ऊपर-ऊपर ज्ञान तो संगृहीत कर लिया था। पंडित होकर आ रहा था। ज्ञानी होकर आ रहा था। विद्वान् या प्रज्ञावान् होकर नहीं आ रहा था श्वेतकेतु। ज्ञानी की ज्योति का प्रकाश उसके चेहरे पर नहीं था, वह अंधे शास्त्रों का बोझ को ज्ञान समझ अहंकार ओढे आ रहा था। पिता दु:खी और उदास हो गया।

बेटा आया तो उद्दालक ने पूछा कि "तू क्या-क्या सीख कर आया ?"

उसने कहा, "सब सीख कर आया हूँ।" उसने गिनती करा दी, कितने शास्त्र सीख कर आया हूँ। सभी वेद कंठस्थ कर लिया है। सभी उपनिषद् जान लिया है। इतिहास, भूगोल, पुराण, काव्य, तर्क, दर्शन, धर्म—सब जान लिया है। कुछ छोड़ा नहीं है। सभी परीक्षाएँ पूरी करके आया हूँ।

उद्दालक ने पूछा, "लेकिन तूने उस एक को जाना, जिसे जानकर सब जान लिया जाता है ?"

उसने कहा, "कैसा एक ? किस एक की बात कर रहे हैं आप ?"

पिता ने कहा, "तूने न स्वयं को जाना, न उस एक को, जिसे ब्रह्म कहते हैं, तो तेरा ज्ञान अधूरा है। ब्रह्म को जानने से सबकुछ जान लिया जाता है।"

श्वेतकेतु उदास हो गया. उसने कहा, "उस एक की तो कोई चर्चा वहाँ हुई ही नहीं।"

उद्दालक ने कहा, "तुझे फिर जान पड़ेगा, क्योंकि हमारे कुल में हम

सिर्फ जन्म से ही ब्राह्मण नहीं होते रहे हैं। हम जानकर ब्राह्मण होते हैं। यह हमारे कुल की परंपरा है। मेरे पिता ने भी मुझे ऐसे ही वापस लौटा दिया था। एक दिन तेरी तरह मैं भी ज्ञान के अहंकार से भरा घर आया था। सोचता था कि सब जान लिया है। झुका था पिता के चरण छूने, परंतु अंदर से...भीतर तो मेरे यही खयाल था कि मैं अब पिता से ज्यादा विद्वान् हो गया हूँ, ज्यादा जान गया हूँ। मुझे देख मेरे पिता उदास हो गए। उन्होंने कहा कि वापस जा! उस एक को जान, जिसे जानने से सब जान लिया जाता है। ब्रह्म को जान कर ही हम ब्राह्मण होते हैं। तात श्वेतकेतु, तुझे भी वापस जाना होगा।"

श्वेतकेतु गुरु के पास लौट गया। उसने गुरु से कहा, "आपने मुझे यह नहीं बताया कि वह एक कौन है, जिसे जान कर सबकुछ का ज्ञान हो जाता है।"

गुरु ने कहा, "तुमने पूछा नहीं था, अब पूछा है तो बताता हूँ, पर पहले खुद को सिद्ध करो कि तुम इस ज्ञान के पात्र भी हो।"

श्वेतकेतु परीक्षा हेतु तैयार हो गया।

उसकी शिक्षा आरंभ करने से पूर्व (अपनी पद्धति के अनुसार) परीक्षा लेने हेतु कि वास्तव में यह शिक्षा ही ग्रहण करने आया है, गुरु ने उसे चार सौ गायें सौंपकर उन्हें चराने के लिए वन जाने को कहा, साथ ही यह भी कहा कि जब ये गायें एक हजार हो जाएँ तो लौटना, तब तुम्हें ब्रह्मज्ञान दूँगा; और सुनो, अब तक प्राप्त संपूर्ण ज्ञान को यहीं रख जाओ।"

ऐसे काम से शिष्य की बुद्धि व लगन का पता चलता था। वे गायें पूर्णत: दुर्बल थीं। अन्य शिष्यों ने उनकी अच्छी देखभाल नहीं की होगी! उनका सारा ध्यान वेद रटने में लगा रहता होगा! श्वेतकेतु ने कहा, "इन गायों की संख्या चार सौ से सहस्र होने पर आश्रम लौटूँगा।"

श्वेतकेतु वन में अनेक वर्ष रहा। वह मन से गायों की सेवा करता। एक दिन वह गाय लेकर चला, शाम हो गई तो उसकी सत्यनिष्ठा, तप और श्रद्धा से प्रसन्न होकर दिग्व्यापी वायु देवता ने साँड़ का रूप धारण कर उसका रास्ता रोक लिया। संभवत कहा होगा, 'रात्रि में गाय या बछड़े किसी गड्ढे में गिर

कर टाँग तुड़वा बैठे तो गाय की संख्या कम नहीं हो जाएगी?' श्वेतकेतु ने जवाब दिया होगा, 'भाई मुझे जल्द गुरु के पास जाना है। मुझे गुरु ने कहा था कि जब गायें एक हजार हो जाएँ तो आना तुम्हें ब्रह्म का ज्ञान दूँगा।'

साँड़ ने कहा, बस इतनी सी बात, ब्रह्म के चतुर्थ अंश का ज्ञान तो मुझे भी मालूम है, वह रात भर में तुम्हें बता देता हूँ।' श्वेतकेतु राजी हो गया।

बैल के रूप में प्रत्यक्ष वायुदेव ही बोल रहे थे। उन्होंने श्वेतकेतु को ईश्वरीय ज्ञान के चतुर्थ अंश का उपदेश दिया। वे बोले, 'श्वेतकेतु, प्रकाशमान ये चारों दिशाएँ ईश्वर के ही अंश हैं।'

दूसरे दिन उसे मार्ग में अग्नि ने 'अनंतवान',

अग्नि ने बताया, 'समुद्र, पृथ्वी, वायु और आकाश ब्रह्म के अंश हैं।' 'अग्नि' समुद्र एवं पृथ्वी पर घूमती है। आकाश में भी सूर्य के रूप में रहती है, इसलिए उसे यह ज्ञान ज्ञात था। कल हंस तुम्हें ब्रह्म के तीसरे चतुर्थांश का ज्ञान देगा।

तीसरे दिन शाम को श्वेतकेतु ने गायों को बाँधा और अग्नि प्रज्वलित की। इतने में वहाँ एक हंस उड़ता हुआ आया और बोला, 'श्वेतकेतु, मैं तुम्हें ब्रह्म ज्ञान के एक अन्य चतुर्थांश के बारे में बताता हूँ।' श्वेतकेतु बोला, 'कहिए, भगवन्!'

हँस ने कहा, 'अग्नि, सूर्य, चंद्र एवं बिजली, ये सब ब्रह्म के अंश हैं। बाकी ज्ञान तुम्हें मद्गु (पनडुब्बा) पक्षी बताएगा।' हंस के रूप में तो प्रत्यक्ष सूर्य ही बोल रहे थे। सूर्य तो जैसे आकाश में उड़नेवाला एक सोने का हंस ही है।

दूसरे दिन सायंकाल के समय श्वेतकेतु ने गायों को बाँधा, अग्नि प्रज्वलित की और वह उसमें समिधा डालने लगा। इतने में वहाँ एक पनडुब्बा पक्षी उड़ते हुए आया और बोला, 'श्वेतकेतु, मैं तुम्हें ब्रह्मज्ञान का चौथा भाग बताता हूँ।' प्राणदेवता ने ही इस पक्षी का रूप लिया था। श्वेतकेतु बोला, 'आगे कहिए, भगवन्!'

पनडुब्बा पक्षी बोला, 'प्राण, आँखें, कान एवं मन ब्रह्म के ही अंश हैं। प्रत्येक प्राणी में ब्रह्म का अंश होता है।'

ब्रह्म के चार-चार कलाओं से युक्त चार पद माने गए हैं—

प्रकाशवान—पूर्व दिशा, पश्चिम दिशा, दक्षिण दिशा, उत्तर दिशा।

अनंतवान—पृथ्वीकला, अंतरिक्षकला, द्युलोककला, समुद्रकला।

ज्योतिष्मान—सूर्यकला, चंद्रकला, विद्युतकला, अग्निकला।

आयतनवान—प्राणकला, चक्षुकला, श्रोत्रकला, मनकला।[1]

कहते हैं पाँचवे दिन अचानक गुरु का आगमन हो गया। गुरु ने कहा, श्वेतकेतु, तेरा चेहरा दमक रहा है, आभायुक्त है। लगता है तूने ब्रह्म का ज्ञान प्राप्त कर लिया है। अब तू भी गऊ के समान निर्दोष हो गया है और तूने उसे भी जान लिया, जो पूर्ण से पूर्ण है।' श्वेतकेतु इतना पूर्ण हो गया था कि उसमें कहीं मैं का भाव ही नहीं था। उसकी विनम्रता आखिरी गहराइयों को छू रही थी। उसका अहंकार मिट गया था। शास्त्र का बोझ नहीं था अब, सत्य की निर्भार दशा थी। विचारों की भीड़ न थी, अब ध्यान की ज्योति थी। भीतर एक विराट् शून्य था। भीतर एक मंदिर बनाकर आया। एक पूजा-गृह का भीतर जन्म हुआ। अपने होने का जो हमें भेद होता है। सब अहंकार गिर गया, अभेद हो गया। वही जो उठता है निःशब्द में, जिसे शब्दों में बयान करना कठिन होता है।

तो हम जान गए कि ब्रह्म पंडितों द्वारा बतलाया गया तथाकथित ईश्वर नहीं, ब्रह्मांड है। और जो व्यक्ति ब्रह्मांड के विराट् रूप को जान लेता है, वही ब्राह्मण हो सकता है; जिसने ब्रह्मांड को जान लिया, उसके विराट् रूप को अनेक गैलेक्सी अनेक सितारों की विशालता के सामने अपने क्षुद्र होने के अहसास से साक्षात्कार होने के बाद क्या अहंकार बच पाएगा। जब किसी मनुष्य को प्रकृति के इस विराट् रूप के सत्य का ज्ञान हो जाएगा, तभी तो वह ब्रह्म या ब्रह्मांड को जानने वाला, यानी ब्राह्मण कहलाने लायक होगा। सत्य रूपी गुण ब्रह्मांड जानने के कर्म के बाद निर्मल, अहंकार-रहित स्वभाव ही ब्राह्मण की पहचान है। यानी गुण, कर्म स्वभाव ही निर्धारित करते हैं कि कौन ब्राह्मण कहलाने के लायक है; और ब्राह्मण ऋषि उद्दालक का कहना कि हमारे कुल में कोई ब्राह्मण उत्पन्न नहीं हुआ, सबने श्रम व साधना से ही

ब्राह्मण होने का हक पाया है। क्या गुण, कर्म, स्वभाव से वर्ण चयन पद्धति का द्योतक नहीं है।

□□□

एक और सुंदर कथा है जाबाल सत्यकाम की। सत्यकाम जाबाल महर्षि गौतम के शिष्य थे। उनकी माता जबाला थीं और उनकी कथा छांदोग्य उपनिषद् में दी गई है। सत्यकाम जब गुरु के पास गए तो नियमानुसार गौतम ने उनसे उनका गोत्र पूछा।

सत्यकाम ने स्पष्ट कह दिया कि मुझे अपने गोत्र का पता नहीं। मेरी माता का नाम जबाला और मेरा नाम सत्यकाम है। मेरी माँ समृद्धिशाली परिवारों तथा आश्रमों में परिचारिका के कार्य से जीविका-निर्वाह करने वाली एक स्त्री थी। जब इस पुत्र ने अपने पिता का नाम पूछा तो माँ ने बताया होगा कि वह अतिथि-सत्कार करने वाली परिचारिणी थी, वहीं अनेक पुरुषों की सेवा में रही, उनसे संसर्ग हुआ, जिससे मुझे पुत्र, यानी तेरी प्राप्ति हुई थी। मुझे खुद नहीं पता कि तू इनमें से किसका पुत्र है—गोत्र क्या है, वह नहीं जानती। साथ ही माँ ने कहा कि तुम मेरे पुत्र हो, अपना नाम 'सत्यकाम जाबाल' बताना।

सत्यकाम हारिद्रुमत गौतम के आश्रम में पहुँचा। आचार्य गौतम के पूछने पर उसने माँ की कही बात ज्यों-की-त्यों दोहरा दी। आचार्य ने कहा, 'इतना स्पष्टवादी बालक ब्राह्मण के अतिरिक्त और कौन हो सकता है ?'

गौतम ऋषि ने कहा, 'बालक सत्यकाम, तुमने सत्य कहा, इतना पर्याप्त है। यद्यपि तुम अपने को दासीपुत्र कहते हो, तो भी मेरे विचार से तुम्हें ब्राह्मण पुत्र होना चाहिए। जो सत्य कहता है, उसे मैं ब्राह्मण मानता हूँ।' फिर उसका उपनयन करवाकर शिष्य ग्रहण किया।

(यह उस समय की बात है, जब जातियाँ गुण, कर्म और स्वभाव से निर्धारित होती थीं, न कि आज की तरह जन्म से, तो गुरु का यह कहना कि स्पष्टवादी, यानी सत्यवादी बालक ब्राह्मण के अतिरिक्त कौन हो सकता है, अर्थात् ब्राह्मण होने के लिए सत्यवादी एवं स्पष्टवादी होना जरूरी था।)

यहाँ ये दो श्लोक भी इसी बात की पुष्टी करते प्रतीत होते हैं।

जन्मना जायते शूद्रः कर्मणा द्विज उच्यते।

अर्थ : जन्म से तो सभी मनुष्य शूद्र के रूप में ही पैदा होते हैं। बाद में योग्यता के आधार पर ही व्यक्ति ब्राह्मण, क्षत्रिय, वैश्य अथवा शूद्र बनता है। मनु की व्यवस्था के अनुसार ब्राह्मण की संतान यदि अयोग्य है तो वह अपनी योग्यता के अनुसार चतुर्थ श्रेणी या शूद्र बन सकती है। ऐसे ही चतुर्थ श्रेणी अथवा शूद्र की संतान योग्यता के आधार पर प्रथम श्रेणी अथवा ब्राह्मण बन सकती है।

धृति क्षमा दमोस्तेयं, शौचं इंद्रियनिग्रहः।
धीर्विद्या सत्यं अक्रोधो, दशकं धर्मलक्षणम्॥

अर्थ : धर्म के दस लक्षण हैं—धैर्य, क्षमा, संयम, चोरी न करना, स्वच्छता, इंद्रियों को वश में रखना, बुद्धि, विद्या, सत्य और क्रोध न करना (अक्रोध)।

एक और बात उल्लेखनीय है कि ब्रह्म को, ब्रह्मांड को जाननेवाला व्यक्ति अपनी क्षुद्रता को जान लेता है। उसका अहंकार मिट जाता है। उसे दुनियावी वस्तुओं, यथा—धन, राज्य आदि की इच्छा नहीं रहती। इसलिए क्या किसी ब्राह्मण ने कभी राज्य प्राप्त किया? कुछ अपवाद हो सकते हैं, लेकिन सदियों से ब्राह्मण अपने सीमित साधनों में संतुष्ट रहते आए हैं और उन्होंने समाज को दिशा भी दी है। ऋषि-मुनि ही बने हैं, ज्ञान प्राप्त कर राजा नहीं। कालांतर क्षत्रिय ने बाहुबली बनकर ब्राह्मणों की शक्ति कम कर दी।

तो हम जान गए कि ब्रह्म पंडितों द्वारा बतलाया गया तथाकथित ईश्वर नहीं, ब्रह्मांड है। और जो व्यक्ति ब्रह्मांड के विराट् रूप को जान लेता है, वही ब्राह्मण हो सकता है। और जिसने ब्रह्मांड के विराट् रूप को जान लिया, उसे अपनी क्षुद्रता का भान हो ही जाएगा, ऐसे में भला अहंकार कहाँ बचा रहेगा! अहंकार यानी 'मैं' का नष्ट होना, कर्ता होने के अहंकार का विनाश कर देना, तिरोहित, विसर्जित कर देना ही तो गीता का सार है।

□

अध्याय-7

धर्म व कर्म में भेद?

धर्म समझने के लिए हम गीता के चौथे अध्याय के 13वें श्लोक पर चलते हैं—

चातुर्वर्ण्यं मया सृष्टं गुणकर्मविभागशः।
तस्य कर्तारमपि मां विद्धयकर्तारमव्ययम्॥ 4.13॥

मनुष्य लोक में ही वर्णाश्रम आदि के कर्मों का अधिकार है। अन्य लोकों में नहीं, यह नियम किस कारण से है, यह बताने के लिए (अगला श्लोक कहते हैं) अथवा वर्णाश्रम आदि विभाग से युक्त हुए मनुष्य सब प्रकार से मेरे मार्ग के अनुसार जीवन व्यतीत करते हैं।

अर्जुन ने पूछा था, 'ऐसा आपने कहा, सो नियमपूर्वक वे आपके ही मार्ग का अनुसरण क्यों करते हैं, दूसरे के मार्ग का क्यों नहीं करते, इस पर कहते हैं (ब्राह्मण क्षत्रिय वैश्य और शूद्र) इन चारों वर्णों का नाम चातुर्वर्ण्य है। सत्त्व, रज और तम इन तीनों गुणों के विभाग से तथा कर्मों के विभाग से ये चारों वर्ण मुझ ईश्वर द्वारा रचे हुए, उत्पन्न किए हुए हैं।

ये वर्ण क्या हैं?

प्रकृति में भी तीन मूल रंग होते हैं—लाल, हरा, पीला रंग। इन्हें वर्ण भी कहा जाता है। इन तीन रंगों से ही अन्य शेड (रंग आभा) बनती हैं, यथा—इंद्रधनुष के सात रंग। वर्ण ही मानवी गुण धर्म का आभास बोध कराते हैं, किसी

के आंतरिक विचारों, बाह्य परिस्थितियों, पूर्व संस्कारों और अन्य तत्त्वों के आधार पर कोई एक या अन्य गुण उस व्यक्ति पर हावी हो जाते हैं। तब वह प्रबल गुण उस व्यक्ति के व्यक्तित्व पर अपनी आभा छोड़ता है।

यह केवल भारत का ही नहीं, सारे विश्व का सत्य है, क्योंकि अनेकानेक पश्चिमी विचारकों ने मनुष्य के चार स्वभाव का जिक्र किया है। जैसे कार्ल गुस्ताव जुंग की 'आर्चीटाइप थ्योरी' में मनुष्यों को चार टाइप में बाँटा गया है। उसके शब्द भले ही अलग हों, तात्पर्य यही है।

मनुष्य लोक क्या है : इसका अर्थ पृथ्वी लोक से नहीं है। यह केवल मनुष्य समाज है। वरना अगर गीता सचमुच किसी भगवान् ने रची होती तो वह भला अन्य जीवों, पेड़-पौधों को कैसे भूल जाता या नकारता, वह तो उनकी या केवल पृथ्वी की नहीं, ब्रह्मांड की बात करता!

ये चार वर्ण क्या हैं, ये भी मनुष्य के मन की स्थितियाँ ही हैं और कुछ नहीं।

ब्राह्मण : ब्राह्मण यानी जिज्ञासु, जिसे दुनियावी वस्तुओं से अधिक इस बात में रस आता है, यह सोचने में मन लगता है कि जीव क्या है, जीवन क्या है, इस सारे विश्व के अस्तित्व का अर्थ क्या है, चाँद, तारे, सूर्य क्या हैं? यह संसार वजूद में क्यों आया और इसका हश्र क्या होगा? वह खुद के बारे में भी ऐसा सोचता है।

क्षत्रिय : इस तरह की मनोवृत्तिवाले मनुष्य को बल या शक्ति के अलावा किसी अन्य बात से लेना-देना नहीं है। इसी मनोवृत्ति के लोग दुर्योधन, अर्जुन, हिटलर तक बनते हैं। यह मनोवृत्ति जब समूह पर हावी हो जाती है, यानी जब ऐसे लोगों की भीड़ हो जाती है तो यह सेना बन जाती है। जातीयता भी यही है।

वैश्य : तीसरी मन:स्थिति है। यह केवल मैनेजर (व्यवस्थापक) मनोवृत्ति है। पहले ये खेती मैनेज करते थे, अब ऑफिस यथा—डिप्टी कलेक्टर से चपरासी, डॉक्टर, नर्स, वार्ड बॉय या प्रिंसिपल, अध्यापक ये जहाँ भी होंगे, मैनेजर ही रहेंगे।

शूद्र : इसका जो प्रचलित अर्थ आजकल है, वह गीता के समय शायद न था। इस मनोवृत्ति के लोग श्रमजीवी क्लास हैं। वर्कर क्लास। इन्हें न जिज्ञासा है, न बल से मतलब, न मैनेजर बनने की चाह।

आज भी सारी दुनिया में पश्चिम या चीन जैसे साम्यवादी देश में, जिन्होंने जातीयता धर्म को नकार दिया; कहते हैं, ये चार वर्ण हैं आज भी।

राजनेता : चुने हुए या तानाशाह या कॉरपोरेट टाइकून क्षत्रिय हैं,

वैज्ञानिक : नव ब्राह्मण,

मैनेजमेंट वाले : वैश्य,

वर्कर : शूद्र।

ये चार तरह के व्यक्ति क्यों होते हैं? एक जैसे क्यों नहीं होते, इसका खुलासा भी है। गीता में अध्याय 14, श्लोक 5 में है—

सत्त्वं रजस्तम इति गुणाः प्रकृतिसम्भवाः।
निबध्नन्ति महाबाहो देहे देहिनमव्ययम्॥

कुछ इसी प्रकार की बात कार्ल गुस्ताव जुंग भी करते हैं।

वे इन तीन गुणों को 1. स्त्रैण, 2. मर्दाना, 3. जातीय या एन्सेस्ट्रल (पुरातन) कहते हैं।

मेरा मानना है कि ये सतगुण स्त्रैण ही है। महाज्ञानी चाणक्य ने स्त्री के पाँच गुणों को बताया है चाणक्य-नीति में—

1. दया और विनम्रता,
2. धर्म का पालन,
3. संचय करने की प्रवृत्ति,
4. वाणी की मधुरता,
5. साहस।

अब तो वैज्ञानिक शोध भी स्त्रियों के इन गुणों की पुष्टि करते हैं।

रजो गुण : पौरुष वृत्ति है। शक्ति बल से संबंधित।

तमस : एक रिक्तता या गुण विहीन पाशविक मन:स्थिति हो सकती है।

पुरातनता : ये मौलिक छवियाँ बुनियादी पैटर्न या सार्वभौमिक विषयों को प्रतिबिंबित करती हैं।

जाति या समूह कैसे बनते चले गए? हम जानते हैं कि शिशु इनोसेंट या मासूम होते हैं। हर जाति में उत्पन्न शिशु तब तक मासूम रहता है, जब तक उस पर घर-परिवार या समाज के तथाकथित गुणों या अवगुणों की बौछार नहीं होती। यह बौछार उसकी मासूमियत छीनकर उसे हिंदू-मुसलमान ब्राह्मण-शूद्र में बदल देती है।

ध्यान देने योग्य बात है कि जहाँ गीता में शुरू से लेकर अंत तक कर्म का उल्लेख सैकड़ों बार कर्म शब्द से करने के अलावा कार्य, कर्तव्य, युद्ध, यज्ञ, यत्न, योग आदि शब्दों से भी कर्म का उल्लेख किया गया है, वहीं 'धर्म' शब्द मुश्किल से किसी-न-किसी रूप में—अधर्म, धार्म्य, साधार्म्य के रूप में भी—सिर्फ तैंतीस बार आया है। और तो और, गीता के पहले श्लोक का धर्म तो नाम के साथ ही लगा है। वह कोई धर्म जैसी चीज को खासतौर से कहने के लिए नहीं आया है। कुरुक्षेत्र की प्रसिद्धि धर्मक्षेत्र के नाम से उस समय थी और यही बात श्लोक में भी आ गई! अठारहवें अध्याय के 70वें श्लोक में जो 'धार्म्य' शब्द है, वह भी कुछ ऐसा ही है। वह तो केवल 'संवाद' का विशेषण होने से उसके औचित्य को ही बताता है। उसका कोई खास प्रयोजन नहीं है।

अध्येष्यते च यः इमं धर्म्यं संवादमावयोः।
ज्ञानयज्ञेन तेनाहमिष्टः स्यामिति मे मतिः॥ 70॥

भावार्थ : जो व्यक्ति इस धर्ममय हम दोनों के संवादरूप गीता पढ़ेगा, उसे ज्ञान की प्राप्ति होगी।

चौदहवें अध्याय के दूसरे श्लोक के 'साधार्म्य' धर्म शब्द के अर्थ आज के धर्म मजहब से अलग ही हैं।

इदं ज्ञानमुपाश्रित्य मम साधर्म्यमागताः।
सर्गेऽपि नोपजायन्ते प्रलये न व्यथन्ति च॥ 14.2॥

शब्दार्थ : इस ज्ञान का आश्रय लेकर सार्धम्यम् को प्राप्त व्यक्ति सृष्टि के आदि में जन्म नहीं लेते और प्रलयकाल में व्याकुल भी नहीं होते हैं।

भावार्थ : यानी ज्ञान प्राप्त व्यक्ति जन्म से मृत्यु तक होनेवाले दुःखों या कष्टों से उस तरह दुःखी न होगा, जिस तरह अज्ञानी या मोह में फँसा व्यक्ति होता है।

दूसरे अध्याय के 40वें श्लोक का धर्म शब्द भी गीता के योग के ही अर्थ में आया है, न कि धर्मशास्त्रों के धर्म के अर्थ में। इसी प्रकार नौवें अध्याय के 2-3 श्लोकों में जो धार्म्य और धर्म शब्द आए हैं, वे ज्ञान-विज्ञान के ही लिये आए हैं, न कि धर्म (मजहब) के प्रचलित आज के अर्थों में।

नेहाभिक्रमनाशोऽस्ति प्रत्यवायो न विद्यते।
स्वल्पमप्यस्य धर्मस्य त्रायते महतो भयात्॥ 2.40॥

शब्दार्थ : मनुष्य लोक में इस समबुद्धि रूप धर्म के आरंभ का नाश नहीं होता, इसके अनुष्ठान का उलटा फल भी नहीं होता और इसका थोड़ा सा भी अनुष्ठान (जन्म-मरण रूप) महान् भय से रक्षा कर लेता है।

भावार्थ : ज्ञानी व्यक्ति द्वारा अथवा सोच-समझकर किए कार्य से व्यक्ति दुःख को प्राप्त नहीं होता। यथा—व्यापारी लोग कोई नया व्यापार करने से पहले खूब सोच-विचारकर काम करें तो नुकसान की संभावना नहीं होती, जबकि बिन सोच-विचार किए व्यापार में धोखा खाने का भय रहता ही है।

बारहवें अध्याय के 20वें श्लोक का धार्म्य शब्द भी कुछ ऐसा ही है।

ये तु धर्म्यामृतमिदं यथोक्तं पर्युपासते।
श्रद्दधाना मत्परमा भक्तास्तेऽतीव मे प्रियाः॥ 12.20॥

शब्दार्थ : जो मेरे में श्रद्धा रखनेवाले और मेरे परायण हुए भक्त पहले कहे हुए इस धर्ममय अमृत का अच्छी तरह से सेवन करते हैं, वे मुझे अत्यंत प्रिय हैं।

भावार्थ : जो व्यक्ति मुझमें या मेरे बताए ज्ञान मार्ग के अनुसार काम करता है, वह कभी भी दुःखी नहीं होता।

इसी प्रकार अठारहवें अध्याय के 46वें श्लोक में जो धर्म शब्द है, उसी के अर्थ में उसी श्लोक में आगे कर्म शब्द आने के कारण वह भी संकुचित अर्थ में प्रयुक्त नहीं हुआ है।

यतः प्रवृत्तिर्भूतानां येन सर्वमिदं ततम्।
स्वकर्मणा तमभ्यर्च्य सिद्धिं विन्दति मानवः ॥ 18.46 ॥

शब्दार्थ : जिस परमात्मा से संपूर्ण प्राणियों की उत्पत्ति होती है और जिससे यह संपूर्ण संसार व्याप्त है, उस परमात्मा का अपने कर्म के द्वारा पूजन करके मनुष्य सिद्धि को प्राप्त हो जाता है।

भावार्थ : जो व्यक्ति कर्म के द्वारा काम करता है, उसके सभी कार्य सिद्ध होते हैं। यहाँ पूजा भी क्रम से, न कि माला जाप या हवन से किए जाने की बात हुई है।

इसी अध्याय के 66वें श्लोक का धर्म शब्द भी व्यापक अर्थ में ही आया है और धर्म, अधर्म तथा दूसरे कर्मों का भी वाचक है।

सर्वधर्मान्परित्यज्य मामेकं शरणं व्रज।
अहं त्वा सर्वपापेभ्यो मोक्षयिष्यामि मा शुचः ॥ 18.66 ॥

सब धर्मों का आश्रय छोड़कर तू केवल मेरी शरण में आ जा। मैं तुझे संपूर्ण पापों से मुक्त कर दूँगा, चिंता मत कर।

भावार्थ : पहले पाप क्या है? हमारे कामों से जो नुकसान होता है, जिससे हम दुःख या कष्ट पाते हैं, वही तो पाप है। अतः कृष्ण की शरण में जाकर अर्थात् उसके द्वारा दिए गए ज्ञान से युक्त अगर अहम कुछ भी करें तो कष्ट नहीं होगा। लाभ न हो, हानि हो जाए, तब भी, क्योंकि व्यक्ति ज्ञान से जानता-समझता है कि कुछ भी करते हुए लाभ-हानि दोनों हो सकती हैं, तो ज्ञानी व्यक्ति इसे सहन करने हेतु सदा तैयार रहता है।

यही भाव इस श्लोक में और अधिक स्पष्ट हो जाता है।

सुखदुःखे समे कृत्वा लाभालाभौ जयाजयौ।
ततो युद्धाय युज्यस्व नैवं पापमवाप्स्यसि॥ 2.38 ॥

शब्दार्थ : जय-पराजय, लाभ-हानि और सुख-दुःख को समान समझकर, उसके बाद युद्ध के लिए तैयार हो जा, इस प्रकार युद्ध करने से तू पाप को नहीं प्राप्त होगा।

भावार्थ : सुख-दुःख को समान समझकर अर्थात् (उनमें) राग-द्वेष

न करके तथा लाभ-हानि को और जय-पराजय को समान समझकर कार्यरत व्यक्ति कष्ट नहीं पाता।

शोक और मोह को दूर करने के लिए लौकिक न्याय बतलाया गया है।

कहने का अभिप्राय यह है कि जितना व्यापक अर्थ कर्म शब्द का है, उस अर्थ में वह धर्म शब्द नहीं आया है और इसकी वजह है, जो प्रसंगवश लिखी जाएगी।

इस प्रकार देखने से पता चलता है कि पाँच से लेकर सत्रह अध्याय तक कुल तेरह अध्याय में यह धर्म आया ही नहीं है। हालाँकि इन्हीं में कर्म का दार्शनिक विवेचन खूब ही हुआ है। जिस समत्व रूप योग का वर्णन दूसरे अध्याय में पाया जाता है और जो कर्मों की कुंजी है, वही पाँच, छह, नौ, बारह, तेरह और चौदह अध्यायों में भी किसी-न-किसी रूप में आया ही है। सोलह और सत्रह अध्याय तो कर्म की दृष्टि से काफी महत्त्व रखते हैं, यह पहले कह चुके हैं और विस्तार के साथ वह बात सिद्ध भी की जा चुकी है।

□

अध्याय-8

गीता धर्म शास्त्र या अध्यात्मिक ग्रंथ

धर्मग्रंथ नहीं, यह अनेक श्लोकों से जान-समझ सकते हैं।

सदृशं चेष्टते स्वस्याः प्रकृतेर्ज्ञानवानपि।
प्रकृतिं यान्ति भूतानि निग्रहः किं करिष्यति॥ 33॥

सदृशम्—अनुसार; चेष्टते—चेष्टा करता है; स्वस्याः—अपने; प्रकृतेः—गुणों से; ज्ञानवान्वि—द्वान्; अपि—यद्यपि; प्रकृतिम्—प्रकृति को; यान्ति—प्राप्त होते हैं; भूतानि—सारे प्राणी; निग्रहः—दमन; किम्—क्या; करिष्यति—कर सकता है।

ज्ञानी पुरुष भी अपनी प्रकृति के अनुसार कार्य करता है, क्योंकि सभी प्राणी तीनों गुणों से प्राप्त अपनी प्रकृति का ही अनुसरण करते हैं। भला दमन से क्या हो सकता है?

तृतीय अध्याय के 35वाँ श्लोक और भी स्पष्ट करता प्रतीत होता है—

श्रेयान्स्वधर्मो विगुणः परधर्मात्स्वनुष्ठितात्।
स्वधर्मे निधनं श्रेयः परधर्मो भयावहः॥ 3.35॥

अर्थ : अच्छे गुण सहित किसी दूसरे के धर्म से अपना गुण रहित धर्म ही अति उत्तम है। अपने धर्म में तो मरना भी कल्याणकारक है और दूसरे का धर्म में जीना भी भय को देनेवाला है।

कर्मयोग में श्रीकृष्ण ने गुण, स्वभाव और अपने धर्म की चर्चा की है। आपका जो गुण, स्वभाव है, वही आपका धर्म है, उसी में जीना और मरना

श्रेष्ठ है, दूसरे के धर्म में जीना भी दु:खों का कारण बन सकता है, अर्थात् अगर किसी विद्यार्थी को विज्ञान विषय पसंद नहीं और माता-पिता जबरन उसे विज्ञान विषय पढ़ाने को मजबूर करते हैं तो न केवल विद्यार्थी कष्ट पाएगा, अपितु उसके सफल होने में भी संदेह हो जाता है।

यह श्लोक इतना महत्त्वपूर्ण है कि इसे अंतिम अध्याय में फिर दोहराया गया है—

श्रेयान्स्वधर्मो विगुणः परधर्मात्स्वनुष्ठितात्।
स्वभावनियतं कर्म कुर्वन्नाप्नोति किल्बिषम्॥ 18.47॥

अर्थ : अच्छी प्रकार के आचरण (गुणों) वाले दूसरे के धर्म से अपना गुणरहित धर्म श्रेष्ठ है, क्योंकि स्वभाव से नियत किए हुए स्वधर्म रूप कर्म को करता हुआ मनुष्य पाप को नहीं प्राप्त होता। अर्थात् अपने स्वभाव से विपरीत कार्य करते हुए मनुष्य कभी सुखी नहीं हो सकता। क्या एक वणिक पुत्र मजदूरी कर सुख पाएगा?

'पंचतंत्र' में रँगे सियार की कथा भी इसका उदाहरण हो सकती है।

कृष्ण बार-बार स्वधर्म का जिक्र क्यों करते हैं? और हर व्यक्ति का उसके धर्म, गुण, कर्म स्वभाव द्वारा निर्धारित होता है, यह इस श्लोक से समझा जा सकता है—

सहजं कर्म कौन्तेय सदोषमपि न त्यजेत्।
सर्वारम्भा हि दोषेण धूमेनाग्निरिवावृताः॥ 18.48॥

अर्थ : हे कुंतीनंदन! दोषयुक्त होने पर भी सहज कर्म का त्याग नहीं करना चाहिए; क्योंकि संपूर्ण कर्म धुएँ से अग्नि की तरह किसी-न-किसी दोष युक्त हैं।

मनुष्य सदैव अपने स्वभाव, जो उसे अपने गुण व कर्म से प्राप्त हुआ है, के अनुसार अपने सहज कर्म को न छोड़े, बेशक उसमें कुछ दोष भी क्यों न हों; क्योंकि जैसे आग के चारों ओर धुआँ रहता है, उसी तरह सब कर्म कुछ-न-कुछ दोष लिये रहते हैं।

दुनिया में कोई भी ऐसा कर्म नहीं है, जिसे हम हर दोष-रहित कह सकें।

हम जो कुछ करेंगे, उसमें कुछ-न-कुछ दोष अवश्य रहेगा। कुछ दोष या कमी हमारे अज्ञानवश, कुछ हमारी असमर्थता के कारण तो कुछ असावधानी के कारण रह सकते हैं। यदि कोई केवल ऐसे ही कर्म करने का निश्चय करे, जिनमें कोई भी दोष न हो तो वह कभी कोई कर्म कर ही नहीं पाएगा। अतः यही ठीक होगा कि व्यक्ति अपने स्वभाव के अनुसार जो कर्म सहज है, उसे कर्तव्य समझकर कुशलता के साथ करे।

अर्जुन का धर्म क्या है ?

अर्जुन क्षत्रिय है, उसने लड़ने की विद्या ग्रहण की है, वह अपने परिवेश, गुण कर्म (उसे विद्या ही लड़ने की शक्ति की मिली है) स्वभाव है तो उसका धर्म क्या हुआ ? लड़ना, ऐसा क्यों कहते हैं हम, ऐसा अनेक श्लोक हमें बतलाते हैं, यथा—

सदृशं चेष्टते स्वस्याः प्रकृतेर्ज्ञानवानपि।
प्रकृतिं यान्ति भूतानि निग्रहः किं करिष्यति॥ 33॥

—अध्याय 3, श्लोक 33

अर्थ : सभी प्राणी अपनी प्रकृति (गुण, कर्म एवं स्वभाव) को प्राप्त होते हैं, अर्थात् अपने स्वभाव से परवश हुए कर्म करते हैं, ज्ञानवान भी अपनी प्रकृति के अनुसार चेष्टा करता है, फिर इसमें किसी का हठ क्या करेगा ?

भावार्थ : जो व्यक्ति अपनी प्रकृति (गुण, कर्म एवं स्वभाव) के विपरीत कार्य करेगा, वह दुःख को प्राप्त होगा।

All living creatures follow their tendencies; even the wise man acts according to the tendencies of his nature. What use is any external restraint? (33) भारत कोश ज्ञान

अर्जुन की प्रकृति युद्ध करना है, क्योंकि उसने पैदा होने के बाद अपने चारों तरफ योद्धा ही देखे हैं। उसकी शिक्षा ने भी उसे योद्धा ही बनाया है। अगर वह अपने स्वभाव के विपरीत जाना चाहेगा, जैसाकि वह कह रहा है—

निमित्तानि च पश्यामि विपरीतानि केशव।

न च श्रेयोऽनुपश्यामि हत्वा स्वजनमाहवे॥ 1.31॥

अर्थ : हे केशव! मैं लक्षणों को भी विपरीत ही देख रहा हूँ तथा युद्ध में स्वजन-समुदाय को मारकर कल्याण भी नहीं देखता॥ 31॥

न काङ्क्षे विजयं कृष्ण न च राज्यं सुखानि च।
किं नो राज्येन गोविन्द किं भोगैर्जीवितेन वा॥

अर्थ : हे कृष्ण! मैं न तो विजय चाहता हूँ और न राज्य तथा सुखों को ही। हे गोविंद! हमें ऐसे राज्य से क्या प्रयोजन है अथवा ऐसे भोगों से और जीवन से भी क्या लाभ है?॥ 32॥

येषामर्थे काङक्षितं नो राज्यं भोगाः सुखानि च।
त इमेऽवस्थिता युद्धे प्राणांस्त्यक्त्वा धनानि च॥

हमें जिनके लिए राज्य, भोग और सुखादि अभीष्ट हैं, वे ही ये सब धन और जीवन की आशा को त्यागकर युद्ध में खड़े हैं॥ 33॥

आचार्याः पितरः पुत्रास्तथैव च पितामहाः।
मातुलाः श्वशुराः पौत्राः श्यालाः संबंधिनस्तथा॥

अर्थ : गुरुजन, ताऊ-चाचा, लड़के और उसी प्रकार दादा, मामा, ससुर, पौत्र, साले तथा और भी संबंधी लोग हैं॥ 34॥

एतान्न हन्तुमिच्छामि घ्नतोऽपि मधुसूदन।
अपि त्रैलोक्यराज्यस्य हेतोः किं नु महीकृते॥

अर्थ : हे मधुसूदन! मुझे मारने पर भी अथवा तीनों लोकों के राज्य के लिए भी मैं इन सबको मारना नहीं चाहता, फिर पृथ्वी के लिए तो कहना ही क्या है?॥ 35॥

निहत्य धार्तराष्ट्रान्न का प्रीतिः स्याज्जनार्दन।
पापमेवाश्रयेदस्मान् हत्वैतानाततायिनः॥

अर्थ : हे जनार्दन! धृतराष्ट्र के पुत्रों को मारकर हमें क्या प्रसन्नता होगी? इन आततायियों को मारकर तो हमें पाप ही लगेगा॥ 36॥

तस्मान्नार्हा वयं हन्तुं धार्तराष्ट्रान्स्वबान्धवान्।
स्वजनं हि कथं हत्वा सुखिनः स्याम माधव॥

अर्थ : अतएव हे माधव! अपने ही बाँधव धृतराष्ट्र के पुत्रों को मारने

के लिए हम योग्य नहीं हैं, क्योंकि अपने ही कुटुंब को मारकर हम कैसे सुखी होंगे?॥ 37॥

यद्यप्येते न पश्यन्ति लोभोपहतचेतसः।
कुलक्षयकृतं दोषं मित्रद्रोहे च पातकम्॥
कथं न ज्ञेयमस्माभिः पापादस्मान्निवर्तितुम्।
कुलक्षयकृतं दोषं प्रपश्यद्भिर्जनार्दन॥

अर्थ : यद्यपि लोभ से भ्रष्टचित्त हुए ये लोग कुल के नाश से उत्पन्न दोष को और मित्रों से विरोध करने में पाप को नहीं देखते, तो भी हे जनार्दन! कुल के नाश से उत्पन्न दोष को जाननेवाले हम लोगों को इस पाप से हटने के लिए क्यों नहीं विचार करना चाहिए?॥ 38-39॥

कुलक्षये प्रणश्यन्ति कुलधर्माः सनातनाः।
धर्मे नष्टे कुलं कृत्स्नमधर्मोऽभिभवत्युत॥

कुल के नाश से सनातन कुल-धर्म नष्ट हो जाते हैं तथा धर्म का नाश हो जाने पर संपूर्ण कुल में पाप भी बहुत फैल जाता है॥ 40॥

अधर्माभिभवात्कृष्ण प्रदुष्यन्ति कुलस्त्रियः।
स्त्रीषु दुष्टासु वार्ष्णेय जायते वर्णसंकरः॥

हे कृष्ण! पाप के अधिक बढ़ जाने से कुल की स्त्रियाँ अत्यंत दूषित हो जाती हैं और हे वार्ष्णेय! स्त्रियों के दूषित हो जाने पर वर्णसंकर उत्पन्न होता है॥ 41॥

संकरो नरकायैव कुलघ्नानां कुलस्य च।
पतन्ति पितरो ह्येषां लुप्तपिण्डोदकक्रियाः॥

वर्णसंकर कुलघातियों को और कुल को नरक में ले जाने के लिए ही होता है। लुप्त हुई पिंड और जल की क्रिया वाले अर्थात् श्राद्ध और तर्पण से वंचित इनके पितर लोग भी अधोगति को प्राप्त होते हैं॥ 42॥

दोषैरेतैः कुलघ्नानां वर्णसंकरकारकैः।
उत्साद्यन्ते जातिधर्माः कुलधर्माश्च शाश्वताः॥

इन वर्णसंकरकारक दोषों से कुलघातियों के सनातन कुल-धर्म और

जाति-धर्म नष्ट हो जाते हैं॥ 43॥

उत्सन्नकुलधर्माणां मनुष्याणां जनार्दन।
नरकेऽनियतं वासो भवतीत्यनुशुश्रुम॥

हे जनार्दन! जिनका कुल-धर्म नष्ट हो गया है, ऐसे मनुष्यों का अनिश्चित काल तक नरक में वास होता है, ऐसा हम सुनते आए हैं॥ 44॥

अहो बत महत्पापं कर्तुं व्यवसिता वयम्।
यद्राज्यसुखलोभेन हन्तुं स्वजनमुद्यताः॥

हा! शोक! हम लोग बुद्धिमान होकर भी महान् पाप करने को तैयार हो गए हैं, जो राज्य और सुख के लोभ से स्वजनों को मारने के लिए उद्यत हो गए हैं॥ 45॥

यदि मामप्रतीकारमशस्त्रं शस्त्रपाणयः।
धार्तराष्ट्रा रणे हन्युस्तन्मे क्षेमतरं भवेत्॥

यदि मुझ शस्त्ररहित एवं सामना न करनेवाले को शस्त्र हाथ में लिये हुए धृतराष्ट्र के पुत्र रण में मार डालें तो वह मरना भी मेरे लिए अधिक कल्याणकारक होगा॥ 46॥

कोई भी व्यक्ति जब कुछ कहना चाहता है, उससे पहले उसके मन में कुछ विचार उमड़ते-घुमड़ते हैं। ये विचार अभी मन में दिमाग में ही हैं और मन या दिमाग शरीर में हैं तो बोलने से पहले ही ये विचार चाहे क्रोध हो या असमर्थता, अपना असर दिखाना आरंभ कर देते हैं। ऐसा ही अर्जुन के साथ हुआ, उपरोक्त शब्द कहने से पहले वह कहता है—

दृष्टेवमं स्वजनं कृष्ण युयुत्सुं समुपस्थितम्॥
सीदन्ति मम गात्राणि मुखं च परिशुष्यति।
वेपथुश्च शरीरे में रोमहर्षश्च जायते॥

—28वें का उत्तरार्ध और 29

अर्जुन बोले—हे कृष्ण! युद्ध क्षेत्र में डटे हुए युद्ध के अभिलाषी इस स्वजन समुदाय को देखकर मेरे अंग शिथिल हुए जा रहे हैं और मुख सूखता जा रहा है तथा मेरे शरीर में कंपन एवं रोमांच हो रहा है॥

गाण्डीवं स्रंसते हस्तात्वक्चैव परिदह्यते।

न च शक्नोम्यवस्थातुं भ्रमतीव च मे मनः ॥ 30 ॥

हाथ से गांडीव धनुष गिर रहा है और त्वचा भी बहुत जल रही है तथा मेरा मन भ्रमित सा हो रहा है, इसलिए मैं खड़ा रहने को भी समर्थ नहीं हूँ।

ऐसा क्यों हुआ, क्योंकि वह अपने स्वभाव के विपरीत सोचने लग गया था। जब सोचने भर से उसकी दशा ऐसी हो गई तो अगर कृष्ण उसे कहते वाकई, तू ठीक कहता है, चल छोड़, नहीं लड़ते, द्वारका या किसी और देश में रह लेना। तो सारी उम्र अर्जुन पछताता कि हाथ आया मौका छोड़ दिया! जबकि यह उस समय कतई निश्चित न था कि जीत किसकी होगी?

इसे हम एक लोक-हास्य कथा से और बेहतर ढंग से समझ सकते हैं।

सुनार व उसकी माँ की लोककथा

हरिराम सुनार बस नाम से हरिराम थे, काम तो उनके इसके विपरीत रहते थे। कोई आभूषण बनाते तो उसमें खोट मिलाए बिना नहीं बना सकते थे। खोट, जिसे आज 'मिलावट' या 'adulteration' कहते हैं। पचास वर्ष की उम्र हो गई। शर्त लगा लें, किसी को भी बिना खोट के कोई आभूषण बनाकर दिया हो! एक दिन उसकी माँ, जो गाँव में रहती थी, ने उसे एक हार बनाने को कहा। माँ आखिर माँ थी, उसने हार बनाकर दे दिया। अब माँ से क्या चालाकी करता, विशुद्ध सोने का बनाकर दे दिया। माँ हार लेकर चली गई। कुछ दिन बाद हरिराम के पेट में दर्द हुआ। शुरू में अजवायन की फाँकी ली, लेकिन कुछ आराम नहीं हुआ। पास के वैद्यजी से दवा ली, लेकिन नतीजा वही धाक के तीन पात! आखिर नौबत यह आई कि शहर के सभी जाने-माने डॉक्टर अल्ट्रासाउंड सी.टी. स्कैन, एम.आर.आई. कर बैठे, पर पेट दर्द का निदान न हुआ। जब निदान ही नहीं हुआ तो आराम कहाँ से होता! आखिर मेडिकल कॉलेज के बड़े डॉक्टर ने कहा कि अब तो पेट खोलकर देखना होगा, यानी ऑपरेशन से शायद पता लगे। माता-पिता को जब खबर लगी तो वे दोनों भी आए। चिंतित थे। माँ ने देखा कि बेटा हरिराम अस्पताल के बिस्तर पर पड़ा था। वे बात कर रहे थे, उनकी वह बात नहीं सुन रहा था। माँ ने गौर

किया कि वह बार-बार उनके गले में पड़े हार को देख रहा था। माँ ने कहा कि अभी ऑपरेशन नहीं करवाएँगे, मैं गुरुजी से भभूत लाई हूँ, वह तीन दिन सुबह खाली पेट लेनी है। आराम होने की गारंटी दी है गुरु महाराज ने। हरिराम घर वापस आ गया। माँ ने घर आकर उसे भभूत पिलाई। फिर बोली कि बेटा, तूने हार तो बहुत सुंदर बनाया। सब पड़ोसिन देखकर जलती हैं, लेकिन यह मुझे चुभता है, ले देख क्या कमी रह गई? हरिराम हार लपककर अपनी वर्कशॉप पहुँचा और दो घंटे में हार दोबारा बना लेकर आ गया। हरिराम बड़ा खुश था। बोला कि माँ, गुरुजी की भभूत काम कर गई। माँ मुसकरा उठी। उसे पता था कि अब हरिराम ने उसके हार में ताँबे की मिलावट कर दी है। यानी हरिराम ने अपने स्वभाव, यानी गुण, कर्म और स्वभाव के विपरीत काम किया था पहले, जब उसने विशुद्ध सोने का हार बना दिया था। यही द्वंद्व अर्जुन के मन में है, लेकिन दुर्योधन अपने गुण, कर्म और स्वभाव के अनुसार लड़ाई की तैयारी में लगा है, उसे कोई दुविधा नहीं है।

पंचतंत्र की कथा

एक बार की बात है। एक जंगल में एक सियार रहता था। वह बहुत दिनों से काफी भूखा था। भूख के मारे वह घूमते-घूमते जंगल से शहर की तरफ चला गया। जैसे ही वह शहर में घुसा, उसे देखकर शहर के बहुत सारे कुत्ते उसके पीछे भौंकते हुए दौड़ने लगे।

कुत्तों से बचने के लिए सियार जब भाग रहा था, तो रास्ते में उसे एक घर की खिड़की खुली हुई देखी और वह उस खिड़की से कूदकर अंदर घुसा। जैसे ही वह खिड़की के अंदर घुसा, खिड़की के बगल में एक नीले रंग का पीपा रखा था। सियार उसी रंग के पीपे में गिर पड़ा और नीले रंग में रँग गया।

सियार घबराकर जल्दी से बाहर आ गया। जब सियार उस घर से बाहर निकला तो नीला रंग से रँगा हुआ देखकर कुत्ते भाग खड़े हुए। उसके बाद जब सियार नदी पर पानी पीने गया तो नदी में आपनी परछाईं देखकर वह चौंक

गया, वह समझ गया कि कुत्ते उसे देखकर क्यों डर रहे थे!

तभी उसके दिमाग में एक योजना आई और उसने स्वयं को जंगल का राजा बनाने का सोच लिया। फिर उसने जंगल के सारे जानवर को बुलाकर कहा कि आज से मैं जंगल का राजा हूँ, मेरी आज्ञा सबको माननी होगी। मेरे लिए रोज सभी को भोजन लेकर आना होगा।

सभी जानवर उसकी आज्ञा मानकर उसकी सेवा करने लगे। इस तरह से कुछ समय तक सियार जंगल पर राज करता रहा। एक दिन अचानक जंगल में सियारों का एक झुंड ऊँचे स्वर में हुआँ-हुआँ करने लगा।

अपनी ही जाति की आवाज को सुनकर सियार भी उन लोगों के साथ हुआँ- हुआँ करने लगा। ऐसी आवाज सुनकर सभी जानवर एक साथ बोले कि यह कोई राजा नहीं है, यह तो अपना सियार है। इतना कहकर सभी जानवर सियार के पीछे भागे और उसे बहुत मारा।

सियार कितना भी अपने आपको बचाने की कोशिश करता रहा, लेकिन जंगल के सभी जानवर उसे पीट-पीटकर मार दिए। यानी अपने गुण, कर्म और स्वभाव का त्यागकर मनुष्य सुखी नहीं हो सकता।

दुर्योधन द्वंद्व में नहीं है

इसके विपरीत, दुर्योधन अपने स्वभाव के अनुसार काम कर रहा है। उसे कोई दुविधा नहीं है युद्ध को लेकर, यानी वह अपने स्वभाव पर खरा उतर रहा है। उसके स्वभाव में बल या शक्ति के साथ-साथ मूर्खता भी झलक रही है। वह द्रोण से वार्त्तालाप कर रहा है। एक बार उन्हें सिर्फ आचार्य शिक्षक कह संबोधित कर रहा है, गुरु नहीं। दूसरी बार तो सिर्फ ब्राह्मण श्रेष्ठ ही कह दिया, ऊपर से उन्हें केवल भीष्म की रक्षा करने हेतु कहा। क्या यह द्रोण जैसे युद्ध कला में पारंगत व्यक्ति का अपमान नहीं है? लेकिन ऐसा क्यों लिखा लेखक ने, क्योंकि द्रोण अपने मूल कर्म को छोड़ बैठे थे। इससे पहले ब्राह्मण गुरु होते थे, जिन्हें ऋषि कहा जाता था। वशिष्ठ राम के गुरु थे, संदीपन ऋषि कृष्ण व सुदामा के गुरु थे, लेकिन द्रोण ने द्रुपद से बदला लेने हेतु आचार्य

यानी वेतनभोगी शिक्षक या टीचर बनना स्वीकार किया था। इसलिए लेखक ने उन्हें गुरु न कहकर ब्राह्मण ही कहा। शब्द बड़े अर्थ रखते हैं, उन्हें संदर्भों के माध्यम से जानना होता है। कई बार लेखक इशारे में बड़ी गहरी बात कह देता है, अपने किसी पात्र के मुख से।

यही तो गुण, कर्म और स्वभाव है।

पश्यैतां पांडुपुत्राणामाचार्य महतीं चमूम्।
व्यूढां द्रुपदपुत्रेण तव शिष्येण धीम ता॥ 3॥

शब्दार्थ : हे आचार्य! पांडुपुत्रों की विशाल सेना को देखें, जिसे आपके बुद्धिमान शिष्य द्रुपद के पुत्र ने इतने कौशल से व्यवस्थित किया है।

अत्र शूरा महेश्वासा भीमार्जुनसमा युधि।
युयुधानो विराटश्च द्रुपदश्च महारथः॥ 4॥

शब्दार्थ : इस सेना में भीम तथा अर्जुन के समान युद्ध करनेवाले अनेक वीर धनुर्धर हैं, यथा—महारथी युयुधान, विराट् तथा द्रुपद।

धृष्टकेतुश्चेकितानः काशिराजश्च वीर्यवान्।
पुरुजित्कुन्तिभोजश्च शैब्यश्च नरपुङ्गवः॥ 5॥

शब्दार्थ : इनके साथ ही धृष्टकेतु, चेकितान, काशिराज, पुरुजित्, कुंतिभोज तथा शैब्य जैसे महान् शक्तिशाली योद्धा भी हैं।

युधामन्युश्च विक्रांत उत्तमौजाश्च वीर्यवान्।
सौभद्रो द्रौपदेयाश्च सर्व एव महारथाः॥ 6॥

शब्दार्थ : पराक्रमी युधामन्यु, अत्यंत शक्तिशाली उत्तमौजा, सुभद्रा का पुत्र तथा द्रौपदी के पुत्र—ये सभी महारथी हैं।

अस्माकं तु विशिष्टा ये तान्निबोध द्विजोत्तम।
नायका मम सैन्यस्य संज्ञार्थं तान्ब्रवीमि ते॥ 7॥

शब्दार्थ : किंतु हे ब्राह्मणश्रेष्ठ! आपकी सूचना के लिए मैं अपनी सेना के उन नायकों के विषय में बताना चाहूँगा, जो मेरी सेना को संचालित करने में विशेष रूप से निपुण हैं।

भवान्भीष्मश्च कर्णश्च कृपश्च समितिञ्जयः।

अश्वत्थामा विकर्णश्च सौमदत्तिस्तथैव च॥ 8॥

शब्दार्थ : मेरी सेना में स्वयं आप, भीष्म, कर्ण, कृपाचार्य, अश्वत्थामा, विकर्ण तथा सोमदत्त का पुत्र भूरिश्रवा आदि हैं, जो युद्ध में सदैव विजयी रहे हैं।

अन्य च बहवः शूरा मदर्थे त्यक्तजीविताः।
नानाशस्त्रप्रहरणाः सर्वे युद्धविशारदाः॥ 9॥

शब्दार्थ : ऐसे अन्य वीर भी हैं, जो मेरे लिए अपना जीवन त्याग करने के लिए उद्यत हैं। वे विविध प्रकार के हथियारों से सुसज्जित हैं और युद्धविद्या में निपुण हैं।

अपर्याप्तं तदस्माकं बलं भीष्माभिरक्षितम्।
पर्याप्तं त्विदमेतेषां बलं भीमाभिरक्षितम्॥ 10॥

शब्दार्थ : हमारी शक्ति अपरिमेय है और हम सब पितामह द्वारा भलीभाँति संरक्षित हैं, जबकि पांडवों की शक्ति भीम द्वारा भलीभाँति संरक्षित होकर भी सीमित है।

अयनेषु च सर्वेषु यथाभागमवस्थिताः।
भीष्ममेवाभिरक्षन्तु भवन्तः सर्व एव हि॥ 11॥

शब्दार्थ : अतएव, सैन्यव्यूह में अपने-अपने मोरचे पर खड़े रहकर आप सभी भीष्म पितामह को पूरी-पूरी सहायता दें।

□

अध्याय-9

मन

तो यह मन है क्या और आया कहाँ से?

इसके लिए फिर हमें जीवविज्ञान की शरण लेनी होगी।

मन मस्तिष्क की उस क्षमता को कहते हैं, जो मनुष्य को चिंतनशक्ति, स्मरणशक्ति, निर्णयशक्ति, बुद्धि, भाव, इंद्रियाग्राह्यता, एकाग्रता, व्यवहार, परिज्ञान (अंतर्दृष्टि) इत्यादि में सक्षम बनाती है।

अब मन को समझने के लिए पहले मस्तिष्क को समझते हैं, क्योंकि मन उसी की क्षमता तो है। मैं यहाँ अणुव्रत आंदोलन में प्रकाशित मेरे एक आलेख को ज्यों-का-त्यों उद्धृत कर रहा हूँ—

"प्रकृति की विशिष्ट कृति मानव"

मुझे 2013 के आसपास एक पत्र मिला, जिसमें एक लेख का आग्रह था। अणुव्रत प्रकाशन की षष्टिपूर्ति अंक पर जो विषय चुना गया है, वह है 'मानवीय मूल्य विशेषांक' और पहले दो मुख्य संकेत 'बड़े भाग मानुष तन पावा' तथा 'मानव तुम सबसे सुंदर, अब कितना सही?' दिए गए हैं।

मेरा लेख

मेरी शिक्षा विज्ञान में होने के कारण मेरा पाला डार्विन के 'विकास क्रम सिद्धांत' से पड़ा, जिसके अनुसार मानव का विकास अन्य हीन स्तनधारी जीवों

से हुआ। बंदर, वनमानुष आदि से और ये जीव स्वयं अपने से किसी और हीन प्राणी से विकसित हुए हैं।

सौभाग्य से विज्ञान शिक्षा से पहले मेरी दीक्षा भारतीय दर्शन में हो चुकी थी—क्योंकि भारत में दर्शन धर्म से जुड़ा अंग है, बल्कि कह सकते है कि भारत में धर्म की उत्पत्ति दर्शन से हुई है। मैं यहाँ कबीर, रैदास, तुलसी की बात भी कर रहा हूँ। मैं यहाँ धर्म किसी कर्मकांड आधारित कृत्य को नहीं कह रहा हूँ, बल्कि मैं तो उपनिषदों या ब्राह्मणों या बौद्ध एवं जैन मनीषियों द्वारा प्रतिपादित उन सूत्रों-सूक्तियों की बात कर रहा हूँ, जो सही मायने में दर्शनशास्त्र या 'फिलॉसोफिकल ट्रीटाइज' कहलाने की हकदार हैं और जो विश्व के किसी अन्य दर्शन से पहले प्रकाश में आ चुकी थी।

बड़े विस्मय की बात है कि विश्व की हर भाषा में कहा गया है कि मानव अन्य जीवों से श्रेष्ठ है। यह श्रेष्ठ शब्द मेरे मस्तिष्क में उलझन पैदा करता रहा है। आज श्री महेंद्र शर्मा के पत्र ने मुझे एक बार फिर इस विषय में सोचने को बाध्य कर दिया कि मनुष्य प्रकृति की श्रेष्ठतम कृति है और क्या अब भी ऐसा है?

मैंने जैसा आरंभ में कहा कि जब मैं कुछ गंभीरता से सोचने लायक वय में पहुँचा, तब तक मेरी शिक्षा विज्ञान में हो चुकी थी। विज्ञान या डार्विन के अनुसार मनुष्य पृथ्वी का सबसे विकसित प्राणी है—अगर हम इस थ्योरी पर विचार करें तो यह जीव की उत्पत्ति अमीबा नामक एक कोशकीय जीव से मानती है और फिर इस विकास क्रम में कोशकीय संख्या बढ़ते-बढ़ते भीमकाय डायनासरों तक आ पहुँची थी। आज भी पृथ्वी पर गैंडे, हाथी जैसे भीमकाय प्राणी हैं। शेर, चीते और चीतल जैसे फुरतीले प्राणी हैं। यह थ्योरी कहती है कि विकास की अंतिम कड़ी स्तनधारी जीव है और इन स्तनधारी जीवों में सबसे विकसित प्राणी मानव है।

यह विकास के किस पैमाने से ऐसा कहा गया? क्योंकि अगर हम एक बात पर थोड़ा सा ध्यान दें तो हर स्तनधारी जीव का शिशु उत्पन्न होते ही यानी जन्म के लगभग 30 मिनट के भीतर-भीतर स्वयं उठकर अपनी जननी

के स्तनों तक पहुँच जाता है, लेकिन मनुष्य का शिशु ऐसा करने में असमर्थ है। अगर माँ उसे हाथों में उठाकर दुग्धपान न करवाए तो वह कुछ घंटों में भूख से मर जाए।

अगर माँ उसे न उठाए तो रक्त में लिथड़े इस जीव को मांसाहारी पशु-पक्षियों की छोड़िए, चींटियाँ ही चट कर जाएँ। अगर इनसे भी बच जाए तो भी अगर माँ उसे उसके मल-मूत्र से सफाई न करे तो वह बीमार होकर मर जाए।

निहत्था आदमी तो शायद बिल्ली का सामना करने में असमर्थ है। बंदर, भालू की छोड़िए, उसे तो चूहे को भगाने के लिए भी लकड़ी डंडे की जरूरत पड़ेगी। यही नहीं, पृथ्वी पर उत्पन्न हर जीव को प्रकृति ने आत्मरक्षा के विशेष अंग व उपाय दिए हैं। कुछ तेज दौड़कर आत्मरक्षा कर सकते हैं, कुछ पेड़ पर ऊँचे चढ़कर, कुछ के पास शक्ति है कि वे टक्कर मारकर शत्रु को दूर भगा दें, कुछ को सींग दिए प्रहार करने को और कुछ को विष दिया आत्मरक्षा हेतु। कुछ रंग बदलकर छुप सकते हैं—कछुआ अपने खोल में समा सकता है। सीही काँटों से बच सकती है। अपना यह श्रेष्ठ मानव तो इस परिभाषा में सबसे कमजोर है, फिर भला हम मानव स्वयं को श्रेष्ठ क्यों कहते-मानते हैं?

इस विषय पर आगे बढ़ने से पहले हमें कुछ बातों पर विचार करना होगा—भारतीय वाङ्मय में पृथ्वी, जल, अग्नि, वायु एवं आकाश से शरीर का गठन होना माना गया है। जब इस शरीर में चेतना का प्रवेश होता है तो जीव उत्पन्न होता है। पहले कोई मानता हो न हो, मगर चंद्रमा, मंगल आदि ग्रहों पर गए अंतरिक्ष यात्रियों ने पाया कि इन ग्रहों पर न जल है, न प्राणवायु है, इसलिए वहाँ जीवन संभव नहीं है, क्योंकि बिना जल या प्राणवायु के शरीर नहीं बन सकता तथा शरीर के बिना उसमें चेतना का प्रवेश संभव नहीं है। यह जीव क्या है? जीव है चौरासी लाख योनियाँ या अमीबा से लेकर मनुष्य तक। चाहे हम भारतीय जीव योनियों की बात करें या डार्विन के विकास क्रम सिद्धांत की।

जब शरीर व चेतन के मिलन से सभी जीव उत्पन्न होते हैं तो भला मानव सबसे श्रेष्ठ या सुंदर क्यों? या 'बड़े भाग मानुष तन पावा' क्यों कहा संत तुलसी ने?

कहीं स्वयं को श्रेष्ठ मानना मनुष्य का अहंकार मात्र तो नहीं है?

लेकिन अगर कोई आम आदमी ऐसा कहता तो हम इसे अहंकार मान लेते, मगर जब अनेक मनीषी लोग यह कहते हैं तो सोचने पर विवश होना पड़ता है।

मनुष्य की श्रेष्ठता पर अनेक धर्मग्रंथों में लिखा जा चुका है और बहुतायत में लिखा जा चुका है, जैसे मनुष्य के पास भाषा है, मस्तिष्क है, दो पाँव पर चलता है आदि-आदि। मैं उसे तब तक नहीं दोहराऊँगा, जब तक उसकी अति आवश्यकता नहीं। मैं इसे अपनी अल्प बुद्धि, अल्प ज्ञान के माध्यम से पहले खुद समझने का प्रयत्न कर रहा हूँ कि क्या मनुष्य वास्तव में सृष्टि का श्रेष्ठ जीव है?

मुझे मानव के विषय में जो तीन सबसे अद्‍भुत तथ्य नजर आए, पहला तो यह कि सृष्टि में मानव मात्र ऐसा जीव है, जो यह जानता है कि मृत्यु एक सत्य है। जो भी उत्पन्न हुआ, उसे मरना ही होगा। क्योंकि किसी भी पशु-पक्षी को इस तथ्य की जानकारी हो, ऐसा लगता नहीं है।

पहला लालच या अविवेक इसी ज्ञान के कारण उपजा कि वह जानता है कि उसने मरना है, उसकी आयु की सीमा है। मगर इस तथ्य की जानकारी ने उसे अमर होने का स्वप्न भी दिया। मृत्यु के ज्ञान ने उसे भयभीत कर दिया, उस लगा कि मृत्यु उससे अधिक शक्तिशाली है। अब समस्या आ खड़ी हुई कि अमर कैसे हुआ जाए?

अमरता की इच्छा ने मनुष्य में दो विचारधाराओं को जन्म दिया, एक में तो मनीषियों ने प्रकृति की परम सत्ता तक पहुँचने का मार्ग चुना, जिससे पूरी दुनिया में अनेक धर्मों का आविर्भाव हुआ। समय-समय पर मनीषियों ने इस मार्ग पर चलनेवालों का मार्गदर्शन किया। दुनिया भर के धर्मग्रंथ, दर्शन शास्त्र व उपनिषद् आदि इसका उदाहरण हैं। इन मनीषियों ने मनुष्य के मस्तिष्क को सद्‍मार्ग पर चलने के रास्ते सुझाए।

एक और अद्‍भुत तथ्य, जो मेरी समझ में मानव को अन्य प्रजातियों से अलग करता है, वह है—इसके मैथुन क्रिया में आनंद की अनुभूति का ज्ञान, जो संभवत: पशुओं में नहीं है, वरना वे भी मानव की प्रकृति नियम के विपरीत बिना आवश्यकता के सहवास में लिप्त होने की प्रवृत्ति को अपनाते।

इस ज्ञान के कारण ही तो मनुष्य प्रकृति के विपरीत जाकर, जब चाहे तब या सतत इस क्रिया में लिप्त रहने लगा। पशुओं में रतिक्रिया होती है, तब, जब हार्मोनिक क्रिया ऐसा करने को प्रेरित करती है। यानी मादा के ऋतुमति होने पर मादा शरीर से निकलती एक विशेष गंध नर पशु को आकर्षित कर उसमें काम वासना उत्पन्न करती है। रतिक्रिया में आनंद प्राप्ति के ज्ञान ने इस मार्ग पर चलनेवालों में भी अमरता की इच्छा जगाई।

तीसरा पक्ष मानव का भाषा ज्ञान : जिसने उसे अपने विचारों, जानकारियों, ज्ञान को दूसरे व्यक्ति तक तथा एक पीढ़ी के ज्ञान को, जानकारी को अगली पीढ़ी को प्रेषित करने या सौंपने में समर्थ बनाया।

इसमें भी दो विचारधाराएँ उभरकर आईं—एक तंत्र का मार्ग और दूसरा भौतिकता अर्थात् धन, बल, वैभव का मार्ग। शुरुआत हुई थी मादाओं पर विजय पाने की इच्छा से कि जिससे जब चाहें, सहवास हो सके। मादाओं का संग्रहण करने से ही हरम बने। लेकिन इससे भी मानव की इच्छा पूर्ण न हुई, तो उसने जमीन-भूभाग पर आधिपत्य करना आरंभ कर दिया। अब यहाँ एक प्रश्न फिर उठ खड़ा होता है कि आखिर किसी पशु-पक्षी ने ऐसा क्यों नहीं किया ? जबकि अनेक पशु शेर, हाथी, मगरमच्छ तो मनुष्य से कहीं अधिक बलशाली हैं, तो यहाँ अपनी बात कहने के लिए मैं फिर अपनी चिकित्सकीय शिक्षा का सहारा लूँगा। अगर हम मनुष्य एवं अन्य स्तनधारी पशुओं के सिर की आकृति पर ध्यान दें तो पाएँगे कि हम मनुष्य के मस्तिष्क को प्रकृति का सुपर कंप्यूटर भी कह सकते हैं, जिसकी क्षमता अकूत है। मुझे यहाँ बाबा तुलसी की एक पंक्ति याद आती है—'मोरे अघ शारद अनेक जुग गणत पार नहीं पावै।' इसी तर्ज पर वाकई मानव मस्तिष्क नामक सुपर कंप्यूटर की थाह पाना तो कभी संभव नहीं होगा, मगर आज तो मनुष्य दो धड़ों में बँटा—एक तो जनकल्याण में लगे महापुरुष मनीषी ही नहीं, अनेकानेक साधारण लोग भी हैं, वहीं दूसरी ओर एक दूसरे मनुष्य को ही नहीं, प्रकृति के हर अंग पशु-पक्षी, पेड़-पौधों को बेरहमी से नष्ट करने में भी मनुष्यों का कोई सानी नहीं है। और ऐसे लोग बहुमत में कुछ

ऐसा जानबूझकर कर रहे हैं और कुछ अनजाने में, नासमझी में ऐसा कर रहे हैं। अगर ऐसा होता रहा तो पृथ्वी पर जीवन संकट में पड़ जाएगा। मानव की लिप्सा ने साम्राज्य तथा सम्राटों को जन्म दिया, जिसके फलस्वरूप विश्वयुद्धों तक की नौबत आन पड़ी। तो मानव ने इसे भौतिक शक्ति की ओर देखा, उसने धन-बल से स्वयं को प्रकृति से विराट् होना चाहा, तलवार के बल पर विश्व-विजय के स्वप्न देखे, आज भी देख रहा है। पहले जहाँ शारीरिक बल से विश्व-विजय का प्रयास रहा, आजकल धन से वह सब प्राप्त करने के प्रयत्न में है। यह सब संभव हुआ मानव की खोपड़ी में बैठे मस्तिष्क के कारण; तो क्या है मानव की यह खोपड़ी? यहाँ मैं एक लोककथा का उल्लेख करना चाहूँगा।

आदमी की खोपड़ी

आपने आदमी के दिमाग के अनेक दिलचस्प किस्से सुने होंगे; क्योंकि आदमी के दिमाग की कोई और मिसाल वाकई नहीं है। आदमी के दिमाग की हिमाकत ही तो है कि वह कहता है कि भगवान् ने आदमी को अपने रूप जैसा बनाया है। जब आदमी ने भगवान् को देखा ही नहीं तो कैसे कह सकता है कि भगवान् उस जैसा है? यही नहीं, उसने भगवान् की प्रतिमाएँ, देवी-देवताओं की प्रतिमाएँ भी स्त्री-पुरुषों जैसी गढ़कर अपने इस भ्रम को विश्वास में बदल लिया है। लेकिन आदमी की खोपड़ी भी प्रकृति की तरह जाने कैसे-कैसे गुल खिलाती है! देखिए, पढ़िए, एक ऐसे ही खिलते गुल की लोककथा!

एक था किसान। किसान आप जानते ही हैं कि खेती करता है तथा हिंदुस्तान में आज भी अधिकांश खेती वर्षा पर निर्भर है। वर्षा नहीं हुई तो अकाल, वर्षा ज्यादा हो गई तो बाढ़ में फसल तबाह और किसान बेचारे की किस्मत में फाके! नवलगढ़ ठेठ राजस्थान का एक छोटा सा गाँव तथा फकीरा उस गाँव का छोटा सा किसान। एक बार ऐसा हुआ कि चार-पाँच साल से बारिश नहीं हुई और भयंकर अकाल पड़ा। फकीरा तथा उसके बच्चे भूख से

बिलबिलाने लगे। ऐसे में नारद ऋषि पधार गए। उनसे फकीरा की व्यथा देखी नहीं गई। उन्होंने फकीरा से कहा कि वह एक छोटा सा थैला ले ले। वे उसे पर्याप्त धन दिला देंगे। फकीरा के पास थैला कहाँ से आता, उसने खाद का बोरा साथ ले लिया। नारद ऋषि अपने योगबल उसे कुबेर देवता के खजाने में ले गए तथा फकीरा से कहा कि वह जितना उसके बोरे में रत्न, मणि आदि आएँ, भर ले। पहले तो फकीरा चौंका। फिर उस अकूत खजाने को देखता रह गया। फिर जल्दी-से-जल्दी बोरा भरने लगा वह कुबेर के खजाने से, जिसकी थाह दुनिया में कोई नहीं ले सकता। वह मणि, रत्न, माणिक उस छोटे से बोरे में डाल रहा था, मगर बोरा था कि भरने का नाम ही नहीं ले रहा था। कुबेर, नारद तथा कुबेर के पार्षद मुँह बाए यह अजब-गजब बात देख-देखकर हैरान हो रहे थे। कुबेर तो महर्षि नारद के अतिथि को क्या कहते! मगर महर्षि अपने कौतुहल को न रोक सके, उन्होंने आगे बढ़कर बोरा फकीरा के हाथ से लेकर फर्श पर उलट दिया। वे देखकर हैरान रह गए कि बोरे के तले में एक आदमी की खोपड़ी थी, जिसमें सारे रत्न, माणिक, मणि पड़े थे, मगर खोपड़ी अभी भी खाली थी।

अब आप समझ गए ना कि मनुष्य की खोपड़ी तथा उसके लालच की, उसकी चाह की, उसकी प्यास की और तृष्णा की कोई थाह नहीं है और यही एकमात्र कारण है मानव के सारे दुःखों का। अगर हम खोपड़ी की बनावट देखें और इसका Comparison अन्य स्तनधारी पशुओं से करें तो भैंस, गाय, शेर, लोमड़ी से लेकर वनमानुष तक के चेहरे लंबूतरे होते हैं चित्र (1) देखें, मगर बंदर से मनुष्य तक आते-आते इसकी खोपड़ी की संरचना चित्र (6) जैसी हो गई।

  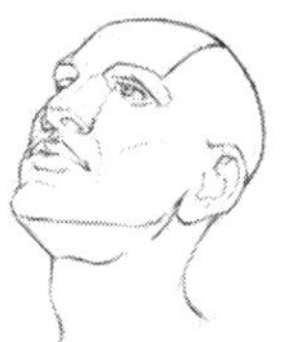 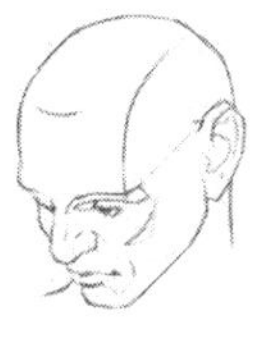

प्रकृति के इस अद्‌भुत कृत्य ने खोपड़ी शून्य या खाली जगह उत्पन्न कर दी, अब भला प्रकृति या ईश्वर इसे खाली कैसे रहने देता? इस खाली जगह में मस्तिष्क का वह हिस्सा, जिसे चिकित्सकीय भाषा में 'सेरिब्रम' या 'फोर ब्रेन' (प्रमस्तिष्क) कहते हैं, उत्पन्न हो गया। विज्ञान की सुनें तो उसका कहना है कि इस शून्य या वैक्यूम में खिंचाव के कारण मस्तिष्क का एक नया हिस्सा बन गया।

अब आप देखें कि मनुष्य में तो सेरिब्रम तथा सेरिबेलम दोनों होते हैं, मगर जानवरों में पृष्ठ मस्तिष्क या सेरिबेलम ही होता है। मगर यह पृष्ठ मस्तिष्क या सेरिबेलम जैविक क्रिया, आहार, निद्रा, भय, मैथुनं का हेतु बना है। जबकि यह सेरिब्रम या प्रमस्तिष्क, जो मनुष्य को पशुओं से अलग संज्ञा देता है, यही वाणी, विचारशीलता, कल्पना, विवेक एवं अविवेक को नियंत्रित करता है। मनुष्य के अस्तित्व का कारण, यह प्रमस्तिष्क ही है, जिसने हमें भाषा दी, जिसने मनुष्यों को वैचारिक शक्ति दी, सपने दिए, सपने पूरे करने की आकांक्षा पैदा की, जिसने विवेक-अविवेक भी दिया और यह भी सत्य है कि हम मस्तिष्क के इस भाग का मात्र पाँच से दस प्रतिशत उपयोग अभी कर पा रहे हैं, इसलिए शरीर वैज्ञानिक इसे 'साइलेंट एरिया' (मौन भाग) भी कहते हैं।

पशुओं में मस्तिष्क के चार काम थे।

आहार, निद्रा, मैथुन और भय

भय था दूसरे जानवर का या भूखे मरने का। यथा—हिरन को शेर से डरकर भागना था, शेर को भूख के डर से हिरन के पीछे भागना था।

मनुष्य के मस्तिष्क के इसी भाग ने हमें मैथुन के आनंद से अवगत

करवाया। और इसी आनंद ने विवाह जैसी संस्था को जन्म दिया, जिसने स्त्री-पुरुष में आकर्षण उत्पन्न किया। इसी आकर्षण ने पहले पति-पत्नी, परिवार, कबीलों, देशों का निर्माण किया।

उसने नैतिक मूल्य बनाए—किसी पशु ने नहीं बनाए। नैतिक मूल्यों की आवश्यकता क्यों पड़ी? क्योंकि उसे अन्य मनुष्यों से भय था। संभवतः पहला नैतिक कर्म था विवाह की संस्था, जिसके अनुसार एक नर मानव का अधिकार एक मादा मानव से सहवास का हुआ और एक मादा का अधिकार नर पर हुआ।

तथाकथित सभ्यताओं के आरंभ में तो मनुष्य ने प्रकृति के नियम, जिसके अनुसार हर जीव की मादा को अपना नर चुनने का अधिकार है, के अनुसार स्वयंवर प्रथा रही, मगर शनैः-शनैः नर मानव ने अपने शारीरिक बल व मानसिक छल से मादा से यह अधिकार छीन लिया और यहाँ से उसका नैतिक पतन आरंभ हो गया। पहले हरम बने, फिर वेश्याएँ आईं, बलात्कार हुए और हो रहे हैं। इस बलात्कार नामक अपराध ने एक नई धारण दी कि मानव में भी नर श्रेष्ठ है, मादा कमतर है। अनेक धर्मग्रंथों से इस नियम को प्रतिपादित किया, इसी को सही दोहराया, जिससे समाज में अनेकानेक अपराध होने लगे—मादा पर आधिपत्य जमाने के बाद नर की लालसा बढ़ी—उसी से जर, जोरू, जमीन सरीखे जुमले आए।

नर श्रेष्ठता की इस भावना ने ही पुत्र चाह उत्पन्न की, जिससे भ्रूण हत्या जैसे पाप कर्म होने लगे। मनुष्य के इस विचित्र अंग प्रमस्तिष्क और इससे उपजे विचारों को नियंत्रित करने की चेष्टा होने लगी, जिससे इस पर मस्तिष्क नामक अंग के उपद्रव को रोका जा सके, उसे नियंत्रित किया जा सके। उसी से दर्शन की सृष्टि हुई और यह दर्शन का रास्ता ही है, जिस पर चलकर मनुष्य स्वयं को तथा उस प्रकृति को विनाश से बचा सकता है, वरना मानव स्वयं को ही दोषी पाएगा प्रलय के लिए पृथ्वी दोहन से बाढ़, सुनामी, सूखा, अकाल और महामारियों की संभावनाएँ बढ़ रही हैं।

मनुष्य अपने मस्तिष्क के कारण सृष्टि में विशेष है। उसे श्रेष्ठ बनने के लिए अपने यानी अपने महामानवों-मनीषियों के दर्शन का सहारा लेना चाहिए।

इसी प्रमस्तिष्क ने मनुष्य को विचार करने की शक्ति प्रदान की। वैचारिक होते मनुष्य को विशेष अनुभूति प्राप्त हुई और यह वैचारिकता एक सतत प्रक्रिया है। समय की नदी भी कह सकते हैं। समय की ऐसी नदी, जो सतत प्रवाहमान है, जिसमें विचारों और सपनों के ज्वार उठते रहते हैं। ये स्वप्न केवल रात्रि के अमूर्त स्वप्न नहीं हैं, ये दिव्य स्वप्न भी हैं और इन दिव्य स्वप्नों को पूरा करने की चाह ने मानव को नया कुछ करने की इच्छा प्रदान की। इन स्वप्नों को पूरा कर उसे आनंद की अनुभूति होनी ही थी, सो हुई। मगर स्वप्न अधूरे रहने पर यह आनंद दु:ख में परिवर्तित होने लगा और इसी दु:ख ने मानव को अविवेकी, असहिष्णु एवं लड़ाका बनाया। इसी दु:ख ने उसे लालची भी बनाया।

मनुष्य को नर से नारायण होने की क्षमता का आभास हुआ, वहीं इसी प्रमस्तिष्क के कारण वह दोबारा हिंसक पशु की ओर लौटने लगा। इन्हीं दो परिस्थितियों को विवेक एवं अविवेक या ज्ञान और अज्ञान कहा गया है। मुझे यह कहने में कतई गुरेज नहीं कि आज का मानव अविवेक की राह पकड़ चुका है, यह उसके नारायण होने के अहंकार का परिणाम है। अहंकार में मनुष्य उस दशा में पहुँच चुका है, जिसके लिए कहा गया है कि 'सावन के अंधे को हरा ही हरा सूझता है'। अपने वैज्ञानिक अनुसंधानों एवं इन अनुसंधानों से प्राप्त उपलब्धियों से वह निरकुंश शासक की तरह प्रकृति को तहस-नहस करने में लगा है। साधनों से सुख-प्राप्ति की होड़ में उसने प्रकृति का अविवेकी दोहन आरंभ कर दिया, जिससे कारण जंगल समाप्त होते जा रहे हैं, पहाड़ उजड़ रहे हैं, नदियाँ सूख रही हैं, पशु-पक्षी विलुप्त हो रहे हैं। वातावरण (ओजोन परत) में विषमता उत्पन्न हो रही है। यह अविवेक मनुष्य को उस स्थिति में ले गया, जैसे बंदर के हाथ उस्तरा आ गया हो! क्या हम ऐसे मानव को पृथ्वी की श्रेष्ठ कृति कहने-कहलाने के हकदार हो सकते हैं? मैं तो कहूँगा नहीं।

मगर ऐसे लोगों के विपरीत, कुछ विशेष लोग, जो चाहे अल्प संख्या में हैं, पर हैं, वे विवेकशील प्राणी हैं। वे नर का धन नारायण का ऋण समझकर कार्य कर रहे हैं।

इन मनीषियों ने मानव मन की कमजोरियों को समझा और समझकर मानव को स्वयं पर विजय अर्थात् पाप पर पुण्य की विजय की राह दिखलाई। उन्होंने मानव की इस लालची खोपड़ी के उत्पात को शांत करने की प्रक्रिया खोजी। यह प्रयत्न सारे विश्व में हुआ, मगर शायद सबसे ज्यादा ऐसा भारत में हुआ। यहाँ तक आकर शायद हम समझ गए हैं कि मानव ब्रह्मांड प्रकृति की एक विशेष एवं विशिष्ट कृति है और उसकी विशेषता उसके मस्तिष्क की संरचना में छुपी है।

स्वयं को सुंदरतम एवं श्रेष्ठ बनाना इसके वश में है और ऐसा तभी संभव होगा, जब हम मनीषियों के दिखलाए मार्ग पर चलकर जीवन यात्रा करें। प्रकृति से, जिसमें हवा-पानी पेड़-पौधे, पशु-पक्षी, जलजीव-जीवाणु, पहाड़, झील, नदी, सागर सभी का संरक्षण प्रकृति की इसी विशिष्ट संतान मानव का कर्तव्य है। केवल कर्तव्य पालन ही उसे श्रेष्ठता के सिंहासन पर आरूढ़ कर सकता है। अणुव्रत आंदोलन भी उसी का एक महत्त्वपूर्ण प्रयास है, जो मानव को स्वयं को समझने को प्रेरित करता है, जो मानव को दुर्बुद्धि से सुबुद्धि की तरफ लाने में प्रयासरत है।

□

अध्याय-10

ईश्वर एवं मन

ईश्वर क्या है ?

है भी या नहीं ?

कहीं ईश्वर भी मन या मन का एक भ्रम तो नहीं है ?

यानी मनुष्य मन की एक खुराफात ईश्वर के रूप में सामने आई है।

इसका जवाब इस प्रश्न में छुपा हुआ कि ईश्वर की आवश्यकता मनुष्य को ही क्यों हुई ?

यह प्रश्न इसलिए भी वाजिब हो जाता है कि जब गीता में कहा गया है—

ईश्वरः सर्वभूतानां हृद्देशेऽर्जुन तिष्ठति।

यानी ईश्वर सभी प्राणियों के दिल में निवास करता है।

एक और तथ्य पर सोचना होगा कि महाभारत में कृष्ण योद्धा होते हुए भी लड़ते नहीं है। वे केवल सारथी बनते हैं। मनुष्य का या उसकी इंद्रियों का सारथी उसे किसी ओर खींचकर ले जानेवाला, हर काम करवानेवाला कौन है ? उसका मन ही तो हो, जो उसे माता-बहन की तरफ एक भावना से तथा पत्नी की ओर अन्य भावना से ले जाता है, या जो उसे जुए, शराब, वेश्यालय या मंदिर-मसजिद की तरफ लेकर जाता है। कार्य तो हमारी इंद्रियाँ करती हैं, लेकिन करवाता है मन यानी सारथी मन ही है।

तो मनुष्य ने ही ईश्वर को क्यों बनाया लिखा—पूजा-अर्चना करता है।

वरना मनुष्य की आमद से पहले आए अनेकानेक जीवों यथा—

डायनासोर आदि से लेकर हाथी, घोड़े शेर, गीदड़ किसी ने ईश्वर की कल्पना नहीं की। यही नहीं, ईश्वर की पूजा बेशक स्त्रियाँ करती हों या धर्म का झंडा भी स्त्रियाँ ही अधिक उठाती हैं, लेकिन ईश्वर या धर्म को जन्म देने में उनका कोई हाथ नहीं है। सभी धर्मों के अस्तित्व में पुरुष ही देखे जाते हैं।

भारतीय वाङ्मय की एक ज्ञान शाखा दर्शन कहलाती है, कुछ लोग इसे फिलॉसफी कह देते हैं, लेकिन इन दोनों में अंतर है। दर्शन यानी जिसे हम देख या अनुभव कर सकें, हवा को हम देख नहीं सकते, लेकिन अनुभव है हमें।

एक अन्य शाखा है तर्क शास्त्र, यानी किसी भी विचार या वस्तु के बारे में तर्क से सहमति पर आना या समझना।

उपरोक्त श्लोकों को दर्शन व तर्क के आधार पर समझने का प्रयत्न करते हैं।

सबसे पहले—

नैनं छिन्दन्ति शस्त्राणि नैनं दहति पावकः।
न चैनं क्लेदयन्त्यापो न शोषयति मारुतः॥ 2.23॥

अब हम ऐसी किस वस्तु को जानते हैं, जिसे अग्नि उसको जला नहीं सकती, जल उसको गीला नहीं कर सकता और वायु उसको सुखा नहीं सकती। हाथ व कान, जीभ काटे जा सकते हैं, आँख फोड़ी जा सकती है, यानी शरीर के सभी अंगों को जलाया और गीला आदि किया जा सकता है। हमारे शरीर में एकमात्र मन ही ऐसा है, जिसे लाख चाहकर भी न जला सकते हैं, न काट सकते हैं।

अब आगे चलते हैं—

सर्वतः पाणिपादं तत्सर्वतोऽक्षिशिरोमुखम्।
सर्वतः श्रुतिमल्लोके सर्वमावृत्य तिष्ठति॥ 13-13॥

वह सब ओर हाथ-पैरवाला, सब ओर नेत्र, सिर और मुखवाला तथा सब ओर कानवाला है, क्योंकि वह संसार में सबको व्याप्त करके स्थित है।

कविता इशारे से बात करती है। हम भी इसे समझने के लिए कविता का सहारा लेते हैं—

'हर आदमी में होते हैं, दस-बीस आदमी,
जिसको भी देखना हो, कई बार देखना।'

—निदा फाजली

अब जब हर आदमी में दस-बीस आदमी होंगे तो कान, नाक, आँख अनेक होंगे, यानी हर ओर होंगे।

शेर, बिल्ली, साँप, गिरगिट हैं नहीं, क्या-क्या भला
आदमी बस आदमी हो, यह जरूरी तो नहीं।

—श्याम सखा 'श्याम'

यानी आदमी में हर जीव के गुण-अवगुण वास करते हैं।

महाभूतान्यहंकारो बुद्धिरव्यक्तमेव च।
इन्द्रियाणि दशैकं च पञ्च चेन्द्रियगोचराः॥ 13-5॥
इच्छा द्वेषः सुखं दुःखं संघातश्चेतना धृतिः।
एतत्क्षेत्रं समासेन सविकारमुदाहृतम्॥ 13-6॥

अहंकार, बुद्धि और मूल प्रकृति भी तथा दस इंद्रियाँ, एक मन और पाँच इंद्रियों के विषय अर्थात् शब्द, स्पर्श, रूप, रस और गंध तथा इच्छा, द्वेष, सुख, दुःख, स्थूल देह का पिंड, चेतना के सहित यह क्षेत्र संक्षेप में कहा गया। श्रेष्ठता के अभिमान का अभाव, दंभाचरण का अभाव, क्षमाभाव, श्रद्धा-भक्ति आदि मन के सिवा कहाँ रहते हैं?

तो हम कह सकते हैं कि किसी सुपर पावर की कल्पना का स्रोत भी पुरुष का मन ही है।

सदियों से ईश्वर के अस्तित्व को साबित करने का दावा करनेवाले कई तर्क प्रस्तावित किए गए हैं। एक लोकप्रिय तर्क यह है कि चूँकि सभी प्रभाव कारणों से आते हैं, इसलिए एक 'पहला कारण' रहा होगा, जो भौतिक दुनिया से बाहर है—एक 'अकारण कारण'। हालाँकि इनमें से कई तर्कों की प्रतिक्रिया है, 'यदि ईश्वर ने दुनिया को बनाया, तो ईश्वर को किसने बनाया?'

दूसरे शब्दों में, अगर ब्रह्मांड में हर चीज का एक कारण है।

क्या हमें उसकी उत्पत्ति के लिए भी स्पष्टीकरण की आवश्यकता नहीं है ?

ऐसे प्रश्नों का उत्तर देने के लिए हमें सबसे पहले यह स्पष्ट करना होगा कि 'ईश्वर' से हमारा क्या तात्पर्य है ? यदि ईश्वर कारणों की प्रणाली के भीतर कारणों में से एक है, जिसे विज्ञान बताता है, तो हमें ईश्वर के लिए भी एक कारण की तलाश करनी होगी। लेकिन अगर ईश्वर कुछ मौलिक रूप से निर्मित व्यवस्था से अलग है (जिसे धर्मशास्त्री 'पारलौकिक' कहते हैं), तो ईश्वर के होने के कारण की हमारी माँग भ्रमित और गलत है।

एक पल के लिए कल्पना कीजिए कि हम एक जादू की छड़ी लहराकर पृथ्वी ग्रह पर सभी धर्मों का सफाया कर दें! हर किसी को धर्म के बारे में सबकुछ भुलवा दें, ब्रेन वॉश कर दें। साथ ही, हम कला और साहित्य में सभी धार्मिक प्रतीकों, धार्मिक शास्त्र से संबंधित हर शब्द को निकाल दें। विचार से भी तमाम धार्मिक स्मृतिलोप की स्थिति की कल्पना करें, ताकि हम सभी नए सिरे से शुरुआत करें।

तो नृविज्ञान (anthropology—मानव की उत्पत्ति, प्रकृति और नियति से संबंधित धर्मशास्त्र) के अनुसार मनुष्य जल्द ही एक ईश्वर नए, लेकिन अब अटक परिचित रूपों से मिलता-जुलता में प्रकट हो जाएगा या हम कर लेंगे—यह हमारी मजबूरी है।

तर्क के आधार पर तो हम केवल सभ्यता, मानव सभ्यता के आरंभ में हमारे भय ने ही हमें ईश्वर के अस्तित्व को मानने हेतु मजबूर किया होगा। अचानक बिजली का चमकना, आँधी-तूफान, अनवरत बारिश, बाढ़, शक्तिशाली जंगली जानवरों, जंगल की आग से भयभीत मानव ने इसे किसी अनजाने, अनदेखे, मगर शक्तिशाली अस्तित्व की कल्पना कर डाली। और जैसे हम अपने से बड़े शक्तिशाली मानव को प्रसन्न करने हेतु उसे नमन करते हैं, उसे उपहार देते हैं, वैसे ही पूजा-अर्चना, यहाँ तक बलि प्रथा चल निकली होगी, जो पीढ़ी-दर-पीढ़ी हमें मिलती रही है, मिल रही है। पहले कबीलों के धर्म बने, फिर समाज के।

ऐसा नहीं है कि ईश्वर के अस्तित्व को किसी ने नहीं नकारा।

बुद्ध व जैन तीर्थंकर ऐसे ही महान् व्यक्ति थे, जिन्होंने परमात्मा को नकारने का साहस किया था। उनके वचन और उपदेश पढ़कर देख लें। लेकिन कालांतर में उन्हीं के अनुयायियों ने उन्हें ही ईश्वर बना डाला।

तो हम कह सकते हैं कि किसी सुपर पावर ईश्वर या ब्रह्म की कल्पना का स्रोत पुरुष का मन ही है और शायद वही है, जिसे समझाने की कोशिश गीता में हुई है।

एक और अद्भुत तथ्य या संयोग जानकर आप हैरान हो जाएँगे। मन या म शब्द विश्व की अनेक भाषाओं के उन शब्दों में पाया जाता है, जो मानव या मनुष्य के पर्यायवाची शब्द हैं। यथा—

यूरोपियन भाषाएँ

Bulgarian мъж

Czech- muž - manikin, Catalan:-humà. Corsican:-umanu- omu

Danish - mand Dutch-man Esperanto:-homa

French:- Homme, Frisian -minsk Galician:-humano

German:-Mensch, Haitian Creole:-moun, Hausa:-mutum

Icelandic:-Mannlegt, Maður, Igbo:-mmadu, Italian-uomo

Luxembourgish -Mann, Maltese-bniedem

Norwegian -Mann, Portuguese -homem Romanian om

Slovak - muž Slovenian Moški Spanish - hombre Swedish man

एशियन

Georgian კაცი- omomo Kazakh адам - AdamKhmer □□□□□□□□□□

Korean 남자 (namja) /Kyrgyz адам -adam,Myanmar (Burmese) လူကို

Nepali मानिस ,Tajik одам ,Turkish adam Turkmen adam

अफ्रीकन भाषाएँ

Afrikaans- man Chichewa- mwamuna Hausa-mutumin

Kinyarwanda- umuntu Sesotho- monna Shona - murume

Swahili - mtu Xhosa- umntu

Austronesian

Indonesian- manusia Javanese-manungsa Malagasy- olombelona

Malay- manusia Sundanese manus

कुछ अन्य भाषाएँ

Esperanto-homa Haitian Creole-moun Latin—hominum Brazil - O homem

□

अध्याय-11

गीता मानस शास्त्र क्यों है?

ईश्वर, मन, धर्म जानने के बाद बात आती है, इस मन को साधने की। यह भी गीता के अनेक श्लोक में है कि मन को कैसे साधें। यहाँ यह भी सोचना जरूरी हो जाता है कि कृष्ण कुशल योद्धा होने के बावजूद सारथी क्यों बने या लेखक ने उन्हें सारथी क्यों बनाया? यह भी इशारा ही है। काम तो हमारी पाँच बहिरिंद्रिय यथा—घ्राण, रसना, चक्षु, त्वचा तथा श्रोत्र ही करती हैं।

लेकिन इनसे करवाता कौन है? वही तो सारथी है अंतरिंद्रिय—मन।

यानी कृष्ण या ईश्वर और कोई नहीं है, वह हमारा मन ही है। अब आप देखें माँ, बहन, बेटी व पत्नी या प्रेमिका चारों बाह्य रूप से स्त्रियाँ ही हैं, लेकिन यह हमारा मन है, जो हरेक के लिए अलग भाव या इच्छा को जन्म देता है। यह हमारे तथाकथित विकसित मस्तिष्क या ब्रेन के कारण ही तो है, अन्यथा पशुओं में तो सभी मादा हैं, वहाँ न कोई बहन है, न माँ, न बेटी, न पत्नी।

1. **बहिरिंद्रिय :** घ्राण, रसना, चक्षु, त्वक् तथा श्रोत्र (पाँच) और
2. **अंतरिंद्रिय :** केवल मन (एक)।

इसी मन को जानने व साधने की विधि मानस शास्त्र है। गीता में इस सदैव चलायमान या विचलित होनेवाले मन को साधने की विधियाँ भी बताई गई हैं। यथा—श्लोक 3.34

इन्द्रियस्येन्द्रियस्यार्थे रागद्वेषौ व्यवस्थितौ।
तयोर्न वशमागच्छेतौ ह्यस्य परिपन्थिनौ॥ 3.34॥

इन्द्रियस्य—इंद्रिय का; इन्द्रियस्य-अर्थे—इंद्रियविषयों में; राग—आसक्ति; द्वेषौ—तथा विरक्ति; व्यवस्थितौ—नियमों के अधीन स्थित; तयो:—उनके; न—कभी नहीं; वशम्—नियंत्रण में; आगच्छेत्—आना चाहिए; तौ—वे दोनों; हि—निश्चय ही; अस्य—उसका; परिपन्थिनौ—अवरोधक।

अर्थ : प्रत्येक इंद्रिय तथा उसके विषय से संबंधित राग-द्वेष को व्यवस्थित करने के नियम होते हैं। मनुष्य को ऐसे राग तथा द्वेष के वशीभूत नहीं होना चाहिए, क्योंकि ये आत्म-साक्षात्कार के मार्ग में अवरोधक हैं।

तो अर्जुन को उस ओर से भी निश्चित करते हैं।

यस्य सर्वे समारम्भाः कामसङ्कल्पवर्जिताः।
ज्ञानाग्निदग्धकर्माणं तमाहुः पण्डितं बुधाः

शब्दार्थ : जिसके संपूर्ण कर्मों के प्रारंभ और अनुष्ठान कामनायुक्त निम्न कोटि के संकल्प से रहित हैं और ज्ञानरूपी अग्नि से जिसके कर्म दग्ध हो गए हैं, उसे ज्ञानी मनुष्य पंडित कहते हैं।

इस श्लोक का अर्थ है कि व्यक्ति जब कोई काम हाथ में लेता है तो वह सोचता है कि इसे करने से यह प्राप्ति होगी, यथा—कुआँ खोदने से पानी मिलेगा, पढ़ने से डिग्री या नौकरी मिलेगी, किसान खेत जोतता है, बीज डालता है तो आस होती ही है। जबकि हम जानते हैं कि कई बार पढ़ने पर भी फेल हो जाते हैं या परीक्षा से पहले बीमार पड़ जाएँ तो परीक्षा ही नहीं दे पाते, उसी तरह फसल ओलावृष्टि से खराब हो सकती है या बीमारी लग सकती है। लेकिन क्या इस डर से कोई पढ़ना या खेत जोतना छोड़ देता है ?

तो कृष्ण कहते हैं कि मनुष्य के वश में केवल कर्म करना है, वह उस काम को पूरा कर पाएगा (संकल्प), यह उसके वश से परे है। इसी तरह फल की कामना करने से अगर फल न मिले तो दु:ख होता है। अत: कर्मयोग से सिद्ध हुए महापुरुष में संकल्प और कामना दोनों ही नहीं रहते अर्थात् उसमें न तो कामनाओं का कारण संकल्प रहता है और न संकल्पों की कामना ही

रहती है। अतः उसके द्वारा जो भी कर्म होते हैं, वे सब संकल्प और कामना से रहित होते हैं।

संकल्प और कामना ये दोनों कर्म के बीज हैं। संकल्प और कामना न रहने पर कर्म अकर्म हो जाते हैं, अर्थात् कर्म बाँधनेवाले नहीं होते। सिद्ध महापुरुष में भी संकल्प और कामना न रहने से उसके द्वारा होनेवाले कर्म बंधनकारक नहीं होते। उसके द्वारा लोक-संग्रहार्थ, कर्तव्य परंपरा सुरक्षार्थ संपूर्ण कर्म होते हुए भी वह उन कर्मों से स्वतः सर्वथा निर्लिप्त रहता है।

गीता में बार-बार स्थितप्रज्ञ स्थिति प्राप्त करने की यानी कर्म संन्यासी होने की बात दोहराई गई है। कहीं पर संकल्पों का जिक्र कर (6.4), कहीं पर कामनाओं का जिक्र कर (2.55) और कहीं पर संकल्प तथा कामना दोनों का जिक्र कर (6.24-25) बताया गया है।

यदा हि नेन्द्रियार्थेषु न कर्मस्वनुषज्जते।
सर्वसङ्कल्पसंन्यासी योगारूढस्तदोच्यते॥ 6.4॥

जब साधक (मनुष्य) न इंद्रियों से उत्पन्न विषयों में और न कर्मों में आसक्त होता है, तब सर्व संकल्पों प्राप्त कर कर्म योगी (स्थितप्रज्ञ) कहा जाता है।

प्रजहाति यदा कामान् सर्वान् पार्थ मनोगतान्।
आत्मन्येवात्मना तुष्टः स्थितप्रज्ञस्तदोच्यते॥ 2.55॥

हे पार्थ! जिस समय पुरुष मन में स्थित सब कामनाओं को त्यागकर संतुष्ट रहता है, उस समय वह स्थितप्रज्ञ कहलाता है।

सङ्कल्पप्रभवान्कामांस्त्यक्त्वा सर्वानशेषतः।
मनसैवेन्द्रियग्रामं विनियम्य समन्ततः॥ 6.24॥

संकल्प से उत्पन्न समस्त कामनाओं को निशेष रूप से परित्याग कर मन द्वारासब इंद्रियों सब ओर से वश में कर लेता है तो ही स्थितप्रज्ञ हो सकता है। और इस स्थिति को कैसे प्राप्त करे, यह अगले श्लोक में बतला दिया गया है—

शनैः शनैरुपरमेद् बुद्ध्या धृतिगृहीतया।
आत्मसंस्थंमनःकृत्वानकिञ्चिदपिचिन्तयेत्॥ 6.25॥

धैर्ययुक्त हो धीरे-धीरे अभ्यास (श्रम व साधना द्वारा मन को वश में कर शांति) को प्राप्त कर पाता है। यानी यह स्थितप्रज्ञता एक दिन में प्राप्त नहीं होगी, इसके लिए निरंतर प्रयास आवश्यक है, क्योंकि मन भटकेगा, बार-बार भटकेगा।

संत रामसुखदासजी इस श्लोक की सुंदर व्याख्या इस तरह करते थे—

अतः जहाँ केवल संकल्पों का त्याग बताया गया है, वहाँ कामनाओं का और जहाँ केवल कामनाओं का त्याग बताया गया है, वहाँ संकल्पों का त्याग भी समझ लेना चाहिए, क्योंकि संकल्प कामनाओं का कारण है और कामना संकल्पों का कार्य है। तात्पर्य है कि साधक को संपूर्ण संकल्पों और कामनाओं का त्याग कर देना चाहिए। मोटर की चार अवस्थाएँ होती हैं—

1. मोटर गैरेज में खड़ी रहने पर न इंजन चलता है और न पहिए चलते हैं।
2. मोटर चालू करने पर इंजन तो चलने लगता है, पर पहिए नहीं चलते।
3. मोटर को वहाँ से रवाना करने पर इंजन भी चलता है और पहिए भी चलते हैं।
4. निरापद ढलवाँ मार्ग आने पर इंजन को बंद कर देते हैं और पहिए चलते रहते हैं।

इसी प्रकार मनुष्य की भी चार अवस्थाएँ होती हैं—

1. न कामना होती है और न कर्म होता है।
2. कामना होती है, पर कर्म नहीं होता।
3. कामना भी होती है और कर्म भी होता है।
4. कामना नहीं होती और कर्म होता है।

मोटर की सबसे उत्तम (चौथी) अवस्था यह है कि इंजन न चले और

पहिए चलते रहें, अर्थात् तेल भी खर्च न हो और रास्ता भी तय हो जाए। इसी तरह मनुष्य की सबसे उत्तम अवस्था यह है कि कामना न हो और कर्म होते रहें। ऐसी अवस्था वाले मनुष्य को ज्ञानीजन भी पंडित कहते हैं।

यही नहीं, गीता में तो आहार व आचरण के बारे में भी कहा गया है कि ये दोनों कैसे मन को साधने या बिगाड़ने में योदान करते हैं।

गीता के अनुसार भोजन भी तीन तरह के होते हैं—

1. सात्त्विक
2. रजोगुण
3. तामसिक

आहारस्त्वपि सर्वस्य त्रिविधो भवति प्रियः।
यज्ञस्तपस्तथा दानं तेषां भेदमिमं शृंणु॥ 17.7॥

भावार्थ : भोजन भी सबको अपनी-अपनी प्रकृति के अनुसार तीन प्रकार का प्रिय होता है। और वैसे ही यज्ञ, तप और दान भी तीन-तीन प्रकार के होते हैं। उनके इस पृथक्-पृथक् भेद को तू मुझसे सुन॥ 17.7॥

आयुः सत्त्वबलारोग्यसुखप्रीतिविवर्धनाः।
रस्याः स्निग्धाः स्थिरा हृदया आहाराः सात्त्विकप्रियाः॥ 17.8॥

भावार्थ : आयु, बुद्धि, बल, आरोग्य, सुख और प्रीति को बढ़ानेवाले, रसयुक्त, चिकने और स्थिर रहनेवाले (जिस भोजन का सार शरीर में बहुत काल तक रहता है, उसको स्थिर रहनेवाला कहते हैं।) तथा स्वभाव से ही मन को प्रिय—ऐसे आहार अर्थात् भोजन करने के पदार्थ सात्त्विक पुरुष को प्रिय होते हैं॥ 17.8॥

कट्वम्ललवणात्युष्णतीक्ष्णरूक्षविदाहिनः।
आहारा राजसस्येष्टा दुःखशोकामयप्रदाः॥ 17.9॥

भावार्थ : कड़वे, खट्टे, लवणयुक्त, बहुत गरम, तीखे, रूखे, दाहकारक और दुःख, चिंता तथा रोगों को उत्पन्न करनेवाले आहार अर्थात् भोजन करने के पदार्थ राजस पुरुष को प्रिय होते हैं॥ 17.9॥

यातयामं गतरसं पूति पर्युषितं च यत्।
उच्छिष्टमपि चामेध्यं भोजनं तामसप्रियम्॥ 17.10॥

भावार्थ : जो भोजन अधपका, रसरहित, दुर्गंधयुक्त, बासी और उच्छिष्ट है तथा जो अपवित्र भी है, वह भोजन तामस पुरुष को प्रिय होता है॥ 17.10॥

यही नहीं, अधिक व कम खाना भी गलत होता है।

नात्यश्नतस्तु योगोऽस्ति न चैकान्तमनश्नतः।
न चातिस्वप्नशीलस्य जाग्रतो नैव चार्जुन॥ 6.16॥

अर्थ : हे अर्जुन! जो अधिक खाता है या बहुत कम खाता है, जो अधिक सोता है अथवा जो पर्याप्त नहीं सोता, उसके योगी बनने की कोई संभावना नहीं है।

युक्ताहारविहारस्य युक्तचेष्टस्य कर्मसु।
युक्तस्वप्नावबोधस्य योगो भवति दुःखहा॥ 6.17॥

अर्थ : जो खाने, सोने, आमोद-प्रमोद तथा काम करने की आदतों में नियमित रहता है, वह योगाभ्यास द्वारा समस्त भौतिक क्लेशों को नष्ट कर सकता है।

भावार्थ : खाने, सोने, रक्षा करने तथा मैथुन करने में—जो शरीर की आवश्यकताएँ हैं—अति करने से योगाभ्यास की प्रगति रुक जाती है। जहाँ तक खाने का प्रश्न है, इसे तो प्रसादम् या पवित्रकृत भोजन के रूप में नियमित बनाया जा सकता है।

साधकों को भोजन तथा नींद के नियमित करने की सलाह दी गई है। शरीर तथा मन हेतु आवश्यकता से अधिक भोजन करना रजस गुण को बढ़ाना है। ऐसे सादे भोज्य पदार्थ भगवद्गीता के अनुसार सतोगुणी माने जाते हैं। मांसाहार तो तमोगुणियों के लिए है। अतः जो लोग मांसाहार करते हैं, मद्यपान करते हैं, धूम्रपान करते हैं, वे तामसिक व्यक्ति बन जाते हैं, 'भुञ्जते ते त्वघं पापा ये पचन्त्यात्मकारणात्।' जो व्यक्ति इंद्रिय-सुख हेतु, स्वाद या नशे हेतु खाता है, वह तामसी वृत्ति का है।

□

अध्याय-12

योग एवं गीता

गीता में भी अन्य उपनिषदों की तरह गुरु-शिष्य परंपरा का निर्वाह किया गया है। अन्य उपनिषदों से इसमें अंतर यह है कि यहाँ शिष्य अर्जुन है, जो गुरु अर्थात् भगवान् श्रीकृष्ण का मित्र भी है, सखा भी और अंतरंग भी। उसकी शंकाएँ भी उसकी अपनी अकेले की इतनी अधिक नहीं हैं, जितनी वे समाज-हित की हैं। शुरुआत होती है इस श्लोक से—

धृतराष्ट्र उवाच

धर्मक्षेत्रे कुरुक्षेत्रे समवेता युयुत्सवः।
मामकाः पाण्डवाश्चैव किमकुर्वत संजय॥ 1:1॥

हे संजय! धर्मक्षेत्रे = धर्म क्षेत्र/धर्म भूमि/धर्म के विषय और; कुरुक्षेत्रे = कर्म क्षेत्र/कर्म भूमि/कर्म के विषय में; समवेता: = एकत्र; युयुत्सव: = युद्ध की इच्छा वाले, युद्ध करने को उत्सुक; मामका: = मेरे और पाण्डवा: = पांडु के पुत्रों ने; किम अकुर्वत = क्या किया?॥ 1:1॥

धर्म क्षेत्र और कर्म क्षेत्र में एक साथ इकट्ठे हुए युद्ध को उत्सुक मेरे और पांडव के भी पुत्रों ने (धर्म एवं कर्म विषयांतर्गत) अकुर्वत, न करने योग्य (गलत), क्या कर्म किया?

यह गीता के प्रथम अध्याय का प्रथम श्लोक है। जो धृतराष्ट्र के मुख से निकला पहला और अंतिम, यानी एकमात्र उवाच है।

धर्मक्षेत्र क्या है ?

धृतराष्ट्र = धृत + राष्ट्र

'धृत' के भी अनेक अर्थ हैं, यथा—एक अर्थ गुस्ताख भी होता है। धृत का हिंदी में अधिकृत शब्द बना है। धृति-बल, धारणा-शक्ति (concept) इत्यादि, ये सभी शब्द प्राकृत भाषा के 'धी' से बने हैं, जिसका अर्थ होता है—बँधी हुई बुद्धि। धृति का एक अर्थ कार्यकाल भी होता है।

राष्ट्र = मानव द्वारा अधिकृत या निर्मित या मान्यता-प्राप्त भौगोलिक सीमा।

वर्तमान के शब्दकोश से व्याख्या करें तो राष्ट्रपति या राष्ट्राध्यक्ष कह सकते हैं।

क्षेत्र = भौगोलिक क्षेत्र, कार्याधिकार क्षेत्र और अध्ययन क्षेत्र। ये तीन प्रकार के क्षेत्र के विषय होते हैं।

धर्मक्षेत्र कुरुक्षेत्र =

1. ऐतिहासिक एवं अधिभौतिक की व्याख्या करें तो इसका अर्थ होता है—वह क्षेत्र, जो वर्षावन के रूप में धर्मक्षेत्र कहलाता है और गृहस्थ आश्रम वाला रहवासी क्षेत्र कर्मक्षेत्र कहा गया है। इन दोनों की सीमाओं के बीच वह क्षेत्र, जो गोचर-भूमि होती है, उस भूमि पर युद्ध हो रहा था। अत: वह धर्म और कर्म दोनों का क्षेत्र है।
2. अधिदैविक की व्याख्या है कि जिस क्षेत्र (विषय) में धर्म + कर्म, यानी उद्‌देश्य + उपलब्धि, object + subject, mission + profession क्षेत्र को लेकर जो झगड़ा है, उससे संबंधित युद्ध हो रहा था। आप यह जो कहावत कहते हैं—'नेकी कर कुएँ में डाल', यह संस्कृत की कहावत 'कुरू कुरू स्वाहा:' का ही शब्दानुवाद है, अर्थात् कुरु शब्द कर्म का ही पर्यायवाची शब्द है।

संजय धृतराष्ट्र को बतला रहा है कि युद्ध-स्थल के बीचोबीच खड़ा अर्जुन कह रहा है—

तत्रापश्यत्स्थितान् पार्थः पितृनथ पितामहान्।
आचार्यान्मातुलान्भ्रातृन् पुत्रान्पौत्रान्सखींस्तथा॥ 1-26॥

हिंदी भावार्थ

इसके बाद पृथापुत्र अर्जुन ने उन दोनों ही सेनाओं में स्थित पिता (ताऊ-चाचा), पितामह, आचार्य, मामा, भाई, पुत्र, पौत्र, मित्र, ससुर और सुहृदों को देखा॥ 26-27॥

गीता प्रथम अध्याय श्लोक—27

श्वशुरान् सुहृदश्चैव सेनयोरुभयोरपि।
तान्समीक्ष्य स कौन्तेयः सर्वान् बन्धूनवस्थितान्॥१-२७॥

हिंदी भावार्थ

उपस्थित उन सभी बंधुओं को देखकर कुंतीपुत्र अर्जुन अत्यंत करुणा-युक्त होकर शोक करते हुए यह बोले।॥ 27-28॥

गीता प्रथम अध्याय श्लोक—28

अर्जुन उवाच

कृपया परयाविष्टो विषीदन्निदमब्रवीत्।
दृष्ट्वेमं स्वजनं कृष्ण युयुत्सुं समुपस्थितम्॥ 1-28॥

गीता प्रथम अध्याय श्लोक—29

सीदन्ति मम गात्राणि मुखं च परिशुष्यति।
वेपथुश्च शरीरे मे रोमहर्षश्च जायते॥ 1-29॥

हिंदी भावार्थ

अर्जुन बोले—हे कृष्ण! यहाँ मैं युद्ध के अभिलाषी स्वजनों को ही देखता हूँ। मेरे अंग शिथिल हो रहे हैं और मुख सूख रहा है और मेरा शरीर काँप रहा है और रोएँ खड़े हो रहे हैं॥ 28-29॥

गीता प्रथम अध्याय श्लोक—30

गाण्डीवं स्त्रंसते हस्तात्वक्चैव परिदह्यते।
न च शक्नोम्यवस्थातुं भ्रमतीव च मे मनः ॥ 1-30 ॥

हिंदी भावार्थ

मेरे हाथ से गांडीव धनुष गिर रहा है और मेरी त्वचा जल रही है। मैं खड़ा रहने में भी असमर्थ हो रहा हूँ, मेरा मन भ्रमित-सा हो रहा है ॥ 30 ॥

गीता प्रथम अध्याय श्लोक—31

निमित्तानि च पश्यामि विपरीतानि केशव।
न च श्रेयोऽनुपश्यामि हत्वा स्वजनमाहवे ॥ 1-31 ॥

हिंदी भावार्थ

हे केशव! मैं लक्षणों को भी विपरीत ही देख रहा हूँ और युद्ध में स्वजनों को मारकर किसी प्रकार से कल्याण भी नहीं देखता ॥ 31 ॥

गीता प्रथम अध्याय श्लोक—32

न काङ्क्षे विजयं कृष्ण न च राज्यं सुखानि च।
किं नो राज्येन गोविंद किं भोगैर्जीवितेन वा ॥ 1-32 ॥

हिंदी भावार्थ

हे कृष्ण! मैं न तो विजय चाहता हूँ और न राज्य तथा सुखों को ही। हे गोविंद! हमें ऐसे राज्य, भोग और जीवन से क्या लाभ है ? ॥ 32 ॥

गीता प्रथम अध्याय श्लोक—33

येषामर्थे काङ्क्षितं नो राज्यं भोगाः सुखानि च।
त इमेऽवस्थिता युद्धे प्राणांस्त्यक्त्वा धनानि च ॥ 1-33 ॥

हिंदी भावार्थ

हमें जिनके लिए राज्य, भोग और सुखादि अभीष्ट हैं, वे ही सब धन और जीवन की आशा को त्यागकर युद्ध में खड़े हैं॥ 33॥

गीता प्रथम अध्याय श्लोक—34

आचार्याः पितरः पुत्रास् तथैव च पितामहाः।
मातुलाः श्वशुराः पौत्राः श्यालाः संबंधिनस्तथा॥ 1-34॥

हिंदी भावार्थ

आचार्यगण, पिता (ताऊ-चाचा), पुत्र और पितामह, और मामा, ससुर, पौत्र, साले तथा और भी संबंधी॥ 34॥

गीता प्रथम अध्याय श्लोक—35

एतान्न हन्तुमिच्छामि घ्नतोऽपि मधुसूदन।
अपि त्रैलोक्यराज्यस्य हेतोः किं नु महीकृते॥ 1-35॥

हे मधुसूदन! इनके द्वारा मुझे मारने पर भी अथवा तीनों लोकों के राज्य के लिए भी मैं इन सबको नहीं मारना चाहता, फिर पृथ्वी के लिए तो बात ही क्या है?॥ 35॥

लेकिन कृष्ण उसे योग के बारे में विस्तार से बतलाकर उसके द्वंद्व को दूर करते हैं।

बुद्धियुक्तो जहातीह उभे सुकृतदुष्कृते।
तस्माद्योगाय युज्यस्व योगः कर्मसु कौशलम्॥

'योगः कर्मसु कौशलम्' का शब्दार्थ क्या निकलता है? इसका अर्थ हुआ—योग से ही कर्मों में कुशलता है। यानी कर्मयोग के अनुसार कर्म करने में कुशल व्यक्ति कर्म के बंधनों से मुक्त हो जाता है। कर्म में कुशलता का अर्थ है, ऐसी मानसिक स्थिति को काबू कर काम करना, जिससे व्यक्ति अच्छे तरीके से कर्म करे और फल की चिंता, आगे क्या होगा की चिंता में पड़कर खुद को व्यग्र न करे।

गीता में जिन तीन योग की बात की गई है, वे यहाँ से आरंभ होते हैं—

ज्ञानयोग

कर्मयोग

भक्तियोग

लेकिन इससे पहले हमें समझना होगा कि योग क्या है, तभी तो हम यह समझ पाएँगे की ज्ञानयोग, भक्तियोग या कर्मयोग में क्या अंतर है और कैसे इन अलग-अलग रास्तों से चल कर भी मोक्ष, सच्चिदानंद या ब्रह्मानंद प्राप्त हो सकता है।

योग की परंपरा भारत में वेदों से आरंभ हुई और कभी समाप्त नहीं हुई। महर्षि पतंजलि पहले व्यक्ति थे, जिन्होंने 'योगसूत्र' को पुस्तक रूप में लिखा। उसके बाद यह ज्ञानियों के माध्यम से सरल भाषा में आम आदमी तक पहुँचता रहा।

योगशास्त्र

योगशास्त्र योगदर्शन का मूल पाठ है। यह छह दर्शनों में से एक है और योगशास्त्र पर एक ग्रंथ है। योगसूत्रों की रचना इस विषय पर पहले से मौजूद सामग्री से 3000 साल पहले पतंजलि ने की थी। पतंजलि के अनुसार, योग मन की प्रवृत्तियों को चंचल होने से रोकने के लिए है, अर्थात् मन को इधर-उधर न भटकने देना, एक समय में एक ही चीज पर स्थिर रखना (चित्तव्रत्तिनिरोधः)।

यह एक धार्मिक ग्रंथ माना जाता है, लेकिन इसका धर्म किसी देवता पर आधारित नहीं है। यह शारीरिक योग-मुद्राओं का शास्त्र भी नहीं है। यह योग या आत्मा और सर्वोच्च आत्मा (चेतन आत्म और अचेतन या अवचेतन आत्म) के योग या एकता के बारे में है, और इसे प्राप्त करने के तरीकों के बारे में।

महर्षि पतंजलि के योगसूत्र में एक सूक्ति है—'योगस्य चित्तवृति निरोधः।'

अर्थात् हमें योग को समझने के लिए पहले मन को समझना पड़ेगा।

अनेक धर्मों की किताबों, आख्यानों या साहित्य (कथा, कविता या लेखों) में मन का जिक्र पढ़ा और सुना है। मन या चित्त का संबंध भावनाओं, यानी विचारों से है, यह भी अकसर सुना पढ़ा है।

चित्त का अर्थ है मन, वृति का अर्थ है भावना (इमोशन)।

यानी योग चित्त की भावनाओं को नियंत्रित करने का एक साधन या उपक्रम है।

विचारों को संस्कृत भाषा में चिंतन कहते हैं और चिंतन शब्द की उत्पत्ति चित्त शब्द से हुई है, जिसे मन भी कहते हैं। मन हमें कुछ हद तक सोचने, बोलने और समझने की शक्ति देता है। यह हमारा चित्त या मन है।

परंतु सवाल यह है कि यह मन हमारे शरीर में कहाँ है और किस अंग में है?

तीसरा सवाल यह है कि क्या यह केवल एक मानवीय घटना है या यह जानवरों और पौधों में भी होता है? हम पौधों और जानवरों के बारे में नहीं जानते हैं, लेकिन हम जानते हैं कि इनसान अपने जीवन में कई बार खुश और दुख महसूस करते हैं। तो क्या यह एक भावना या विचार है, जिसका जवाब देना मुश्किल है और यह शरीर के किस हिस्से में मौजूद है, यह भी बहस का विषय है? यह पेट या छाती या शरीर के किसी अन्य भाग में मौजूद नहीं हो सकता। लेकिन कई विचारक सोचते हैं कि यह मन में मौजूद है। अब सवाल उठता है कि मानव शरीर में मन कहाँ है? क्या मनुष्य चेतना, अचेतन और सामूहिक चेतना (कार्ल जंग) का मिश्रण है?

लेकिन शरीर के किस अंग को मन कहें?

मैं एक चिकित्सक हूँ और लगभग 50 साल पहले M.B-B.S. करते हुए शरीर की चीर-फाड़ की, लेकिन मन को कहीं नहीं पाया। यानी मन शरीर का कोई अंग तो नहीं है। लेकिन हमारी भावनाओं का विकास शरीर के किस अंग में होता है, इसका कुछ ज्ञान वैज्ञानिक आधार पर यह जाना गया है कि हम न्यूरोट्रांसमीटर के माध्यम से खुशी या व्यथा को महसूस करते हैं, न्यूरोट्रांस-मीटर मस्तिष्क के भीतर छोटी-छोटी रासायनिक 'मैसेंजर' कोशिकाएँ हैं, जो

न्यूरॉन्स (नसों) और अन्य शारीरिक कोशिकाओं के बीच सिग्नल संचारित करती हैं। न्यूरोट्रांसमीटर रक्त-प्रवाह से लेकर पाचन तक शरीर के लगभग हर पहलू में प्रक्रियाओं और भावनाओं के लिए जिम्मेदार होते हैं।

तंत्रिका विज्ञान के अध्ययनों से पता चला है कि मस्तिष्क के कुछ हिस्से (जैसे एमिग्डाला, हिप्पोकैंपस और लिंबिक सिस्टम) और न्यूरोट्रांसमीटर (जैसे डोपामाइन, सेरोटोनिन, नॉरपेनेफ्रिन और एंडोर्फिन) खुशी और व्यथा के नियंत्रण में भूमिका निभाते हैं। तो हम मान सकते हैं कि मन किसी तरह मस्तिष्क के किसी भाग से संबंधित है।

मन मस्तिष्क के माध्यम से शरीर को नियंत्रित करता है।

मन

पश्चिमी परंपरा में मन सोचने, याद रखने, विचार करने, मूल्यांकन करने और निर्णय लेने में शामिल संकायों का परिसर है। मन कुछ अर्थों में संवेदनाओं, धारणाओं, भावनाओं, स्मृति, इच्छाओं, विभिन्न प्रकार के तर्कों, उद्‌देश्यों, विकल्पों, व्यक्तित्व के लक्षणों और अचेतन जैसी घटनाओं में परिलक्षित होता है।

मन और गीता

मन के वैदिक मॉडल में कथा उपनिषद् और भगवद्‌गीता में रथ के प्रसिद्ध रूपक द्वारा व्यक्त किया गया है। एक व्यक्ति की तुलना एक रथ से की जाती है, जिसे घोड़ों द्वारा अलग-अलग दिशाओं में खींचा जाता है, जिसमें घोड़े इंद्रियों का प्रतिनिधित्व करते हैं। मन वह चालक है, जो घोड़ों (इंदियों) की बागडोर सँभालता है, लेकिन मन के साथ रथ का स्वामी बैठता है, जो सच्चा पर्यवेक्षक यानी मनुष्य स्वयं है।

तैत्तिरीय उपनिषद् 2.7 में, एक व्यक्ति के स्वभाव, विचारों या उसके व्यक्तित्व को पाँच अलग-अलग स्तरों के रूप में बताया गया है, आरोही क्रम में दिखाए गए ये स्तर हैं—

भौतिक शरीर (अन्नमय कोष)

- ऊर्जा शरीर (प्राणामय कोष)
- मानसिक सूक्ष्म शरीर (मनोमय कोष)
- बुद्धि सूक्ष्म शरीर (विज्ञानमय कोष)
- आनंद सूक्ष्म शरीर (आनंदमय कोष-चेतना या आत्मा) कोष=डिब्बे या खजाना घर।

उच्चतम स्तर पर आत्म-चेतना या आत्मा है। गौरतलब है कि आनंद को बुद्धि से ऊँचा स्थान दिया गया है। यह इस तथ्य की मान्यता है कि अंततः अर्थ उन संघों द्वारा संप्रेषित किया जाता है, जो अतिरिक्त-तार्किक हैं।

तो हम कह सकते हैं कि मन मस्तिष्क की वह क्षमता या कौशल है, जो व्यक्ति को प्रत्येक मानव व्यवहार, विचार, भावनाओं, बौद्धिक गतिविधियों, स्मृति, इंद्रियों की योजना, चेतना, एकाग्रता, कौशल और आत्मनिरीक्षण को प्रबंधित करने की शक्ति देता है। सामान्य भाषा में हम कह सकते हैं कि मन मानवीय गतिविधियों का प्रबंधक है।

हम एक समीकरण के माध्यम से दिमाग की कार्यप्रणाली को समझने की कोशिश करेंगे।

मन = विचार + चेतना (जागरूकता)

चेतना = मन-विचार

तो मन को नियंत्रित करने के लिए हमें विचारों को नियंत्रित करना होगा।

जागरूकता—यह ज्ञान और समझ है कि हमारे आस-पास कुछ घट रहा है या मौजूद है।

योग

अब तक हमने जाना की विचारों को नियंत्रित करने के लिए मन को नियंत्रित करना होगा और मन को नियंत्रित करने का साधन योग है।

योग शब्द संस्कृत भाषा का है। यह एक धातु (रूट) यजु या यजुर से बनता है। इसके तीन अर्थ हैं—(1) समाधि, (2) जुड़ना, (3) संयम। इन

तीनों के भाव एक ही हैं—हमें अपने मन को स्वयं के द्वारा स्वयम से जोड़कर समाधि की अवस्था प्राप्त करनी है।

योग को हम एक अध्यात्मिक ज्ञान कह सकते हैं, क्योंकि यह किसी धर्म से जुड़ा हुआ नहीं है।

आइए, जानते हैं प्राचीन योग का क्या अर्थ है—

योगसूत्र योगदर्शन का मूल पाठ है। यह छह दर्शनों में से एक है और योगशास्त्र पर एक ग्रंथ है। योगसूत्रों की रचना इस विषय पर पहले से मौजूद सामग्री से 3000 साल पहले महर्षि पतंजलि ने की थी।

पतंजलि के अनुसार, मन की प्रवृत्तियों को चंचल होने से रोकने के लिए ही योग है। अर्थात् मन को इधर-उधर न भटकने देना, एक समय में एक ही चीज पर स्थिर रखना ही योग है।

यह आजकल एक धार्मिक ग्रंथ माना जाता है, लेकिन इसका धर्म किसी देवता पर आधारित नहीं है। यह शारीरिक योग मुद्राओं का शास्त्र भी नहीं है। यह योग या आत्मा और सर्वोच्च आत्मा (चेतन आत्म और अचेतन या अवचेतन आत्म) के योग या एकता के बारे में है और इसे प्राप्त करने के तरीकों के बारे में है। इसे 'अष्टांग योग' भी कहा जाता है, क्योंकि पतंजलि ने आठ अंगों में इसकी व्याख्या की है। ये आठ अंग हैं—यम, नियम, आसन, प्राणायाम, प्रत्याहार, धारणा, ध्यान और समाधि।

योग की प्राप्ति के लिए इन आठ अंगों के साधनों को आवश्यक बताया गया है। उनमें से प्रत्येक के नीचे कई उप-शीर्षक हैं। ऐसा कहा जाता है कि जिस व्यक्ति ने योग के इन आठ अंगों को सिद्ध किया है, वह 'चित्तवृत्ति निरोध' को प्राप्त करता है और उसके मन से सभी प्रकार के कष्ट दूर हो जाते हैं।

अष्टांग, आठ अंगोंवाले योग को आठ अलग-अलग चरणों के पथ के रूप में नहीं लिया जाना चाहिए। यह एक आठ-आयामी पथ है, जिसमें आठ आयामों का एक साथ अभ्यास किया जाता है।

1. यम : पाँच सामाजिक नैतिकता—

(क) **अहिंसा**—शब्दों, विचारों और कर्मों से किसी को नुकसान नहीं पहुँचाना। हिंसा सभी दुर्भाग्य का मूल कारण है। उस हिंसा का अभाव अहिंसा है।

(ख) **सत्य**—विचार, वाणी और मन में सत्य, अर्थात् स्वाभाविक रूप से कार्य करना।

(ग) **अस्तेय**—चोर प्रवृत्ति का न होना। किसी और की चोरी या चोरी न केवल सामग्री, बल्कि बौद्धिक संपदा या विचारों की चोरी करने के लिए नहीं।

(घ) **ब्रह्मचर्य के दो अर्थ हैं**—

- ब्रह्म के ज्ञान में चेतना को स्थिर करना (प्रकृति)
- सभी इंद्रिय-जनित सुखों में संयम बरतें।

(च) **अपरिग्रह**—आवश्यकता से अधिक संग्रह न करना और दूसरों की चीजों की इच्छा न करना।

2. नियम (नियम) : पाँच व्यक्तिगत नैतिकता—

(क) **शौचालय**—शरीर और मन की शुद्धि, अर्थात् पवित्रता दो प्रकार की होती है—बाहरी पवित्रता और भीतरी पवित्रता (हृदय की पवित्रता)। आंतरिक स्वच्छता या पवित्रता अशुद्धियों, अशुद्धियों, अशुद्धियों आदि को दूर करना है।

(ख) **संतोष**—संतुष्ट और खुश रहने के लिए संतोष करना है। अर्थात् प्रबंधन के अनुसार प्राप्त परिणामों से संतुष्ट होना, कर्तव्य पालन करते हुए किसी भी प्रकार की लालसा न होना ही संतुष्टि है।

(ग) **तपस**—स्वयं के साथ अनुशासित होना।

(घ) **स्वाध्याय**—आत्म-प्रतिबिंब।

(च) **ब्रह्म-प्रणिधान**—ब्रह्म (प्रकृति के प्रति पूर्ण समर्पण)।

3. आसन : योगासन द्वारा शरीर पर नियंत्रण।

अर्थ : स्थिरसुख = शांत—शांत और आराम से बैठना, आसन जैसे पद्मासन, दंडासन, स्वास्तिकासन आदि।

4. प्राणायाम : विशेष श्वास तकनीक के माध्यम से प्राण-श्वास पर नियंत्रण।

5. प्रत्याहार : इंद्रियों को अंतर्मुखी करना।

6. धारण : ध्यान केंद्रित करने के लिए।

7. ध्यान : ध्यान एक समय एक ही विषय या विचार पर ध्यान केंद्रित करना।

8. समाधि : आत्मा (स्वयं) से जुड़ना और अनावश्यक सांसारिक इच्छाओं का त्याग करना।

आइए, अब फिर से यह जानने की कोशिश करें कि भक्तियोग या कर्म-योग में क्या अंतर है और कैसे इन अलग-अलग रास्तों पर चल कर भी मोक्ष (सच्चिदानंद या ब्रह्मनानंद) प्राप्त हो सकता है?

अब यह भी स्पष्ट है कि हर मनुष्य दुविधा या द्वंद्व-रहित आनंदमय जीवन की कामना करता है। यह आनंद क्या है?

संस्कृत में सुख के लिए तीन शब्द हैं—सुख, आनंद और बृह्मानंद। हम इसे अंग्रेजी में सुख = Joy आनंद = Pleasure और बृह्मानंद = Bliss के रूप में व्याख्या कर सकते हैं।

भाषा की अपनी सीमाएँ हैं। भाषा किसी भी चीज को विपरीत से तुलना किए बिना परिभाषित नहीं कर सकती। उदाहरण के लिए, अँधेरा क्या है, बतलाने के लिए हम केवल यह कह सकते हैं कि अँधेरा प्रकाश का अभाव है। इसी तरह हम कह सकते हैं कि दुःख या दुःख की अवस्था सुख का अभाव है।

ये तीनों—सुख, आनंद और बृह्मानंद भी असल में मन की स्थिति या अनुभूति हैं।

सुख एक भावनात्मक स्थिति है, जिसे सुख, संतुष्टि, संतोष और तृप्ति

की भावनाओं द्वारा वर्णित किया जा सकता है। अलग-अलग लोग सुख या खुशी को अलग-अलग शब्दों या वाक्यांशों में परिभाषित करते हैं। इसे अकसर सकारात्मक भावनाओं और जीवन की संतुष्टि को शामिल करने के रूप में वर्णित किया जाता है।

- ऐसा महसूस करना कि आप वह जीवन जी रहे हैं जो आप चाहते थे।

संतुष्टि : इसका संबंध इस बात से है कि आप अपने जीवन के विभिन्न क्षेत्रों से कितना संतुष्ट महसूस करते हैं, जिसमें आपके रिश्ते, कार्य, उपलब्धियाँ और अन्य चीजें शामिल हैं, जिन्हें आप आवश्यक मानते हैं।

1. भावनाओं का संतुलन : हर कोई सकारात्मक और नकारात्मक भावनाओं, भावनाओं और मूड—दोनों का अनुभव करता है। खुशी आमतौर पर नकारात्मक भावनाओं की तुलना में अधिक सकारात्मक भावनाओं का अनुभव करने से जुड़ी होती है।

- कल्याण की भावना कि आपके जीवन की स्थितियाँ अच्छी हैं।
- उपलब्धि की भावना कि आप जीवन में जो चाहते हैं, उसे पूरा कर चुके हैं (या पूरा करेंगे)।
- नकारात्मक से अधिक समय सकारात्मक महसूस करना।

तो हम कह सकते हैं कि खुशी निरंतर उत्साह या आनंद की स्थिति नहीं है। इसके बजाय खुशी नकारात्मक भावनाओं की तुलना में अधिक सकारात्मक भावनाओं का अनुभव करने की समग्र भावना है।

सुख किसी भौतिक पदार्थ की प्राप्ति

सांख्य योग

भारतीय दर्शन के छह प्रकारों में से एक सांख्य भी है, जो प्राचीन काल में अत्यंत लोकप्रिय था। यह अद्वैत वेदांत से सर्वथा विपरीत मान्यताएँ रखनेवाला दर्शन है। इसकी स्थापना करनेवाले मूल ऋषि कपिल कहे जाते हैं। 'सांख्य' का शाब्दिक अर्थ है—'संख्या संबंधी' या विश्लेषण। भारतीय संस्कृति में

किसी समय सांख्य दर्शन का अत्यंत ऊँचा स्थान था। देश के उदात्त मस्तिष्क सांख्य की विचार-पद्धति से सोचते थे। सांख्य दर्शन की सबसे बड़ी महानता यह है कि इसमें सृष्टि की उत्पत्ति भगवान् के द्वारा नहीं मानी गई है, बल्कि इसे एक विकासात्मक प्रक्रिया के रूप में समझा गया है और माना गया है कि सृष्टि अनेक अवस्थाओं (Phases) से होकर गुजरने के बाद अपने वर्तमान स्वरूप को प्राप्त हुई है। इसी से मिलती-जुलती डार्विन की 'थ्योरी ऑफ डेवलपमेंट' भी है।

भारतीय आध्यात्मिक दर्शन में सांख्य ब्रह्म की तलाश या जानने का दर्शन है। फिलॉसफी या दर्शन वास्तव में ऊन के उलझे हुए गोले की तरह होता है, जिसका ओर-छोर किसी को नहीं मिलता। तत्त्व दर्शन के मार्ग से ब्रह्म का साक्षात्कार करते हैं और किसी गूढ़ वस्तु पर पहुँचते हैं तो आपको लगता है कि आपको कुछ मिल गया, पर उपनिषद् कहते हैं—'नेति-नेति', अर्थात् यह नहीं, यह नहीं।

इति का अर्थ संस्कृत में सिर्फ अंत नहीं होता। उसका अर्थ होता है—सबकुछ। पर आत्मा उस सबकुछ से भी परे है। तो 'नेति-नेति' का अर्थ हुआ—यह सबकुछ नहीं है। नेति-नेति, यानी यह भी नहीं, या वह भी नहीं; लेकिन क्या है ब्रह्म ? इसका जवाब नहीं।

इसे एक आधुनिक उदाहरण से समझें—एक घर में एक व्यक्ति का कत्ल हो गया। पुलिस आई और जाँच करने लगी। जाँच के बाद शक की सुई चार लोगों की ओर घूमी। जाँच में एक-एक कर सभी को कत्ल के समय कहीं दूर किसी अन्य शहर में पाया गया। यानी न तो पत्नी गुनहगार थी, न नौकर, न बेटा, न बेटी। तो सभी को यह कहकर कि यह दोषी नहीं, यह भी दोषी नहीं और सभी को निर्दोष मान लिया गया। लाख जाँच के बाद भी कातिल नहीं मिला, लेकिन कत्ल हुआ है, यानी कातिल तो है कोई, लेकिन हम या पुलिस नहीं जानती कि कौन है कातिल ? इसी तरह सांख्य जब कहता है नेति-नेति तो वह यही कुछ कह रहा है कि ब्रह्म है, लेकिन ब्रह्म कौन या क्या है, यह मालूम नहीं!

यथा किसी वस्तु, पेड़ को देखने के लिए आँख चाहिए। हम जानते हैं कि पहले आँख के पटल (रेटिना) पर उस वस्तु का चित्र बनता है, जब प्रकाश रेटिना (आँख के पीछे ऊतक की एक प्रकाश-संवेदनशील परत) से टकराता है तो फोटोरिसेप्टर नामक विशेष कोशिकाएँ प्रकाश को विद्युत् संकेतों में बदल देती हैं।

ये विद्युत् संकेत रेटिना से ऑप्टिक तंत्रिका के माध्यम से मस्तिष्क तक जाते हैं, तब मस्तिष्क आपके द्वारा देखी जानेवाली छवियों में संकेतों को बदल देता है—आँख को देखने के लिए मस्तिष्क चाहिए। कुछ ऐसी ही प्रक्रिया तब होती है, जब हवा, कोई ठंडी या गरम वस्तु हमारे शरीर या चमड़ी को छूती है। हम महसूस या अनुभव करते हैं। सांख्य भी यही कहता है कि ब्रह्म, ईश्वर या भगवान् को हम देख नहीं सकते, लेकिन अनुभव कर सकते हैं। लेकिन कुछ और भी उदाहरण हैं, यथा—

मन और बुद्धि में उठनेवाले सुख-दुःख आदि भाव, काम-क्रोध आदि विकार एवं अनुभव में आनेवाली जाग्रत्, स्वप्न, सुषुप्ति आदि अवस्थाएँ—ये प्रत्यक्ष नहीं हैं, परोक्ष नहीं हैं, बल्कि अपरोक्ष (Overt - Through) कहलाते हैं। Invisible, Mysterious, Beyond the horizon and Beyond observation, Non-apparent। इसी तरह सांख्य के अनुसार, भगवान् को अनुभव किया जा सकता है।

सांख्य योग को समझने के लिए हम आदि शंकराचार्य व मंडन मिश्र के बीच हुए शास्त्रार्थ की कथा से आरंभ करेंगे। सांख्य योग में एक शब्द आता है सच्चिदानंद, जिसके बारे में हम बाद में बात करेंगे।

शास्त्रार्थ के अर्थ क्या हैं?

वेदों के दार्शनिक विचारों के ग्रंथ का नाम शास्त्र है। ऋषियों ने छह शास्त्रों के रूप में इन दार्शनिक तत्त्वों को विभिन्न प्रकार से व्यक्त किया है। इनमें ईश्वर, जीव, प्रकृति, सृष्टि, ज्ञान, योग, विवेक और मानव-जीवन की विभिन्न समस्याओं पर विस्तृत विचार किया गया है।

शंकराचार्य वेदों में वर्णित वेदांत को सर्वोपरि मानते थे, जबकि मंडन मिश्र वेद में ही वर्णित मीमांसा को उच्च कहते थे।

उत्तर मीमांसा (वेदांत) के सिद्धांत के अनुसार, कर्म त्याग के पश्चात् ही आत्मज्ञान की प्राप्ति का अधिकार है।

वेदांत, यानी वेद + अंत। इसका शाब्दिक अर्थ है—वेद—ज्ञान का अंत। इसके अनुयायी कहते हैं कि ज्ञान की एक सीमा है, उस सीमा के पार जाकर ही मोक्ष प्राप्त हो सकता है; और मोक्ष-प्राप्ति हेतु कर्म त्यागकर संन्यासी होना जरूरी है।

किंतु पूर्व मीमांसा दर्शन के अनुसार—

कुर्वन्नेवह कर्माणि जिजीविषेच्छतं समाः।
एवं त्वयि नान्यथेतोस्ति न कर्म लिप्यते नरे॥

इस वेद-मंत्र के अनुसार मुमुक्षु जनों को भी कर्म करना चाहिए। वेदविहित कर्म करने से कर्मबंधन स्वतः समाप्त हो जाता है (कर्मणा त्यज्यते ह्यसौ, तस्मान्मुमुक्षुभिः कार्य नित्यं नैमित्तिकं) तथा आदि वचनों के अनुसार भारतीय आस्तिक दर्शनों का मुख्य प्राण मीमांसा दर्शन है।

कुर्वन्नेवह कर्माणि जिजीविषेच्छतं समाः।
एवं त्वयि ना न्यचेतोअस्ति न कर्मं लिप्यते नरे॥

—यजुर्वेद 40/2

इस संसार में धर्मयुक्त निष्काम कर्मों को करते हुए सौ वर्ष तक जीवन जीने की इच्छा करनी चाहिए। इस प्रकार जो धर्मयुक्त कर्मों में लगा रहता है, वह अधर्मयुक्त कर्मों में अपने को नहीं लगाता।

इस वेद के शुरू में ही यह आदर्श मंत्र लिखा गया है।

कर्म की महत्ता सभी धर्मों, मतों में पहचानी गई है। आखिर ऐसा क्यों है?

दीर्घतमा ऋषि का बताया गया यह मंत्र कुछ यों कहता है—

मनुष्य को चाहिए कि वह कर्म करता हुआ ही जीना चाहे। यदि वह कर्म नहीं करता है तो उसे जीवित रहने का अधिकार नहीं है। यह जीवन कर्म करने के लिए ही दिया गया है...सर्वथा, मम, अहं, को छोड़कर (तूं) कर्म करेगा

तो तेरे ऐसे कर्म कभी बंधनकारक नहीं होंगे। ऐसे निष्काम कर्मों का कभी तुझ नर में लेप नहीं होगा।

उपर्युक्त श्लोक का शाब्दिक अर्थ यों है—

मनुष्य इस संसार में कर्मों को करता हुआ ही सौ वर्ष तक जीता रहना चाहे। इस तरह तुझ नर में कर्म लिप्त नहीं होगा। इसके अतिरिक्त और कोई उपाय नहीं है।

यहाँ यह श्लोक भी याद दिलाना उचित लगता है कि—

कर्मण्येवाधिकारस्ते मा फलेषु कदाचन; और

गोस्वामी तुलसीदास ने भी तो कर्म को यों उजागर किया—

कर्म प्रधान विश्व रचि राखा।
जो जस करहिं, सो तस फल चाखा॥

अर्थात् कर्म करके ही कर्ता होने के अहंकार से निजात पाई जा सकती है।

असल में शंकराचार्य मीमांसा ज्ञान हेतु प्रसिद्ध विद्वान् कुमारिल भट्ट से मिलने बनारस पहुँचे थे। कुमारिल एक नैष्ठिक वैदिक और वेदांत ज्ञाता थे। उनके समय में बौद्ध और जैन दर्शन ने समाज में धूम मचा रखी थी। उनके विद्वान् सनातन या वैदिक धर्म की धारणाओं का खंडन कर रहे थे, यानी लोग वैदिक धर्म छोड़ बौद्ध व जैन धर्म के अनुयायी होते जा रहे थे। अशोक के बौद्ध हो जाने के बाद बौद्ध व जैन विद्वानों को राजाओं का आश्रय भी मिल रहा था। कुमारिल भट्ट ने बौद्ध व जैन दर्शन का खंडन करने हेतु इन दर्शनों का भी अध्ययन किया। इस दर्शन को समझने हेतु वे छद्म वेश में इन धर्मों के विहारों में पहुँचे और उनके ज्ञान-तत्त्व को अच्छी तरह समझा। अब वे वैदिक धर्म की बेहतर व्याख्या करने में सक्षम हो चुके थे; वैदिक धर्म के ज्ञानी तो वे पहले से ही थे। कहते हैं कि उन्होंने शास्त्रार्थ में अपने गुरु को मात दे दी। लेकिन इस घटना (गुरु को पराजित करने) से कुमारिल के हृदय पर गहरा आघात लगा; क्योंकि वे वैदिक धर्म की आस्था के अनुसार गुरु से स्वयं को छिपाना घोर अपराध माना जाता था। कुमारिल ने अपना प्रायश्चित्त पूरा किया और खुद की बनाई चिता में स्वयं को जलाकर राख कर लिया। जिस समय

शंकराचार्य उनसे मिलने गए, उस समय वे आत्मदाह कर रहे थे, सो उन्होंने शंकर को अपने शिष्य मंडन मिश्र के पास भेज दिया।

मंडन मिश्र व उनकी पत्नी दोनों ही मीमांसा के विद्वान् व कुमारिल भट्ट के शिष्य थे।

शंकराचार्य और मंडन मिश्र का शास्त्रार्थ प्राचीन माहिष्मति, वर्तमान में महेश्वर में ही हुआ था।

कथानुसार, जब शंकरचार्य मंडन मिश्र के घर पहुँचे तो मंडन मिश्र व भारती याचकों को भोजन करवाकर स्वयं भोजन करने जा रहे थे, तभी उनके द्वारपाल ने एक युवक साधु के द्वार पर खड़े होने की सूचना दी। भारती बाहर गई, उसने संन्यासी को भीतर आने का निमंत्रण दिया।

शंकर ने कहा, 'माते! संन्यासी किसी के घर के भीतर नहीं जाते, मैं तो मंडन मिश्र से शास्त्रार्थ की इच्छा से आया हूँ।'

भारती ने कहा, 'द्वार आए संन्यासी को भोजन देना गृहिणी का कर्तव्य होता है, अत: पहले आप भोजन करें।' भारती अंदर गई और खिचड़ी के पाँच पिंड बनाकर लाई। यही प्रथा थी, नियम था संन्यासी हेतु।

अगले दिन शास्त्रार्थ आरंभ हुआ। एक तरफ शंकराचार्य और दूसरी तरफ मंडन मिश्र बैठे। यह शर्त हुई कि हारनेवाले को दूसरे का शिष्य बनना होगा।

शंकर ने भारती को निर्णायक बनने का अनुरोध किया। भारती भला संन्यासी को मना कैसे कहती!

दोनों ने अपने सिद्धांत को बताया।

शंकर ने कहा, 'वेदांत कहता है कि परमात्मा ही सत्य है, विश्व मिथ्या है तथा परमात्मा तक पहुँचने का रास्ता सिर्फ संन्यास अर्थात् गृहस्थ त्याग है; और परमात्मा तक पहुँचकर ही मोक्ष यानी सांसारिक पीड़ा से मुक्ति मिल सकती है, सच्चिदानंद प्राप्त हो सकता है, अन्यथा नहीं। अगर आप इसका खंडन करेंगे, तभी आप जीत पाएँगे।'

मंडन मिश्र ने कहा, 'मीमांसा कहती है, बताती है कि मनुष्य की नियति

उसके कर्म पर आधारित है। सत्कर्म करता हुआ परिवार व समाज हेतु निर्धारित नियमों को पालन करते हुए मनुष्य सच्चिदानंद की स्थिति प्राप्त कर सकता है। यह गलत हो तो बताएँ।'

मंडन मिश्र आगे कहते हैं कि 'परमात्मा ही, सत्य ही जगत् मिथ्या है; लेकिन मुझे तो ईश्वर या परमात्मा कहीं दिखता नहीं, न ही अब तक किसी ने परमात्मा को देखने का दावा किया है, जबकि मैं आपको, सभा में बैठे लोगों को, पेड़-पौधों को देख सकता हूँ, छू सकता हूँ। आप कहते हैं कि जो दिखता है, वह मिथ्या है और जो नहीं दिखता, वह सत्य है। जो मुझे या किसी को दिखाई नहीं देता, उस पर विश्वास कैसे हो ?'

शंकर : मिश्रजी, जो दिखता है, ही सत्य नहीं होता, जो नहीं दिखता, जैसे—हवा किसे दिखती है, धूप में खड़े मानव की छाया क्या आप छू सकते हैं, तो यह कैसा सत्य है ? देखते हुए भी रेगिस्तान में क्या मृग-मरीचिका भ्रमित नहीं करती, तो केवल आँख पर विश्वास करना सत्य कैसे हुआ ?

मंडन मिश्र : हे संन्यासी, जो आप कह रहे हैं, वह भी मीमांसा ही है। मीमांसा के दो पहलू हैं—एक प्रत्यक्ष, जिसे पाँच इंद्रियों से सीधे जाना जा सकता है तथा दूसरी अप्रत्यक्ष या अनुभवजनित शाखा। मैं हवा को देखता नहीं हूँ, लेकिन मैं आँधी-तूफान के माध्यम से, यानी अनुभव से जान सकता हूँ। क्या आप ईश्वर के होने को सिद्ध कर सकते हैं ?

शंकर : 'ईश्वराः असिद्ध्य' है। मानता हूँ कि ईश्वर को न देखा जा सकता है, न छुआ जा सकता है, न सूँघा जा सकता है; लेकिन यह मतिभ्रम नहीं है। जैसे लोकोक्ति है न कि 'बच्चा काँधे पर नगर ढिंढोरा' या कोई वस्तु हमारी जेब में ही होती है और हम उसे पूरे घर में ढूँढ़ने लगते हैं, यह मति-भ्रम है; लेकिन ईश्वर मति-भ्रम नहीं है, यह अनुभवजनित है, जैसे हवा अनुभवजनित है। धर्म, अर्थ, काम, कर्म, ज्ञान, संन्यास, निर्वाण, मोक्ष पर शास्त्रार्थ बयालीस दिन चलता रहा। सोलहवें दिन कुछ अन्य प्रश्न हुए। यथा—

मंडन मिश्र : आत्मा-परमात्मा में क्या संबंध है और आप कैसे कहते हैं कि परमात्मा कण-कण में व्याप्त हैं ?

शंकर : जो सूर्य व प्रतिबिंब में है, जैसे सूर्य को नदी, झील यहाँ तक कि किसी बरतन में सूर्य के प्रतिबिंब में देखा जा सकता है। सूर्य एक ही है, लेकिन उसका प्रतिबिंब जल के हर कण में मौजूद है, जड़-चेतन सभी में, पर वह दिखता नहीं है; जैसे अगर हम पानी में शक्कर या नामक मिला दें तो क्या हम नमक को देख सकेंगे? लेकिन पानी की एक-एक बूँद में नमक का अनुभव कर सकते हैं। इसी तरह मनुष्य द्वारा ईश्वर को अनुभव किया जा सकता और इस अनुभव के बाद मनुष्य सांसारिक पीड़ा से मुक्त होकर मोक्ष प्राप्त कर सकता है। जबकि गृहस्थ कभी अपने कर्मों से, कभी किसी दूसरे के कर्म से, यथा—पत्नी, पुत्र, पड़ोसी, समाज या सरकार से भी पीड़ा अनुभव कर सकता है, जबकि संन्यासी ऐसे बंधन से मुक्त हो जाता है। वह हर बंधन से मुक्त होकर मोक्ष, यानी कभी खत्म न होनेवाला आनंद प्राप्त करता है। वह सांसारिक संबंधों को भूल जाता है। आत्मा भीतरी व बाहरी जगत् की चिंताओं से मुक्त होकर दिव्य आनंद (Divine Bliss) को प्राप्त हो जाता है।

अंतिम दिन जब शास्त्रार्थ चल रहा था तो भारती एक जैसी दो मालाएँ दोनों के गले में डालकर कुछ समय के लिए वहाँ से चली गई। जब वह लौटी तो आते ही उसने शंकराचार्य को विजयी घोषित कर दिया। जिज्ञासु श्रोताओं ने प्रश्न किया कि बयालीस दिन से तुम लगातार इसमें सम्मिलित थी, अब कुछ समय अनुपस्थित रहकर, आते ही तुमने कैसे परिणाम बता दिया? भारती ने उत्तर दिया कि जब कोई विद्वान् शास्त्रार्थ में पराजित होने लगता है, वह अपनी हार महसूस करते ही स्वाभाविक रूप से क्रुद्ध होने लगता है। वह क्रोध में तपने लगता है। देखो, मेरे पति की माला कैसे सूख गई है और शंकराचार्यजी की वैसी ही है। शर्त यह थी कि हारनेवाले को जीतनेवाले का शिष्य बनकर संन्यास लेना था। मंडन मिश्र पराजित होने से नहीं, लेकिन यह जानकर कि गृहस्थ में जीवन व्यर्थ कर डाला, से दुःखी थे, स्वयं की मूर्खता से क्रोधित थे।

भारती निर्णायक के पद से उतरकर बोली, 'मिश्रजी विवाहित हैं। पति-पत्नी मिलकर एक इकाई बनते हैं, अर्धनारीश्वर की तरह। मिश्रजी नहीं हारे, उनका दायाँ अंग हारा है, बायाँ अंग नहीं। अभी मुझसे शास्त्रार्थ बाकी है।'

शंकराचार्य ने चुनौती स्वीकार कर ली। ज्ञानवाद और कर्मवाद विषय पर 21 दिनों तक दोनों में शास्त्रार्थ चला।

भारती ने अंतिम प्रश्न किया, 'हे संन्यासी, जिस परम आनंद की बात आपने की है, वह गृहस्थ लगभग रोज प्राप्त करता है। जब वह सहवास में लिप्त होता है तो वह आसपास की ही नहीं, अपनी समाज की, परिवार की चिंताओं से मुक्त हो जाता है। इस तरह वह न केवल गृहस्थ का आनंद लेता है, अपितु दिव्य आनंद को भी प्राप्त कर लेता है। कुछ पल के लिए ही सही, पर वह समाधि की अवस्था प्राप्त कर लेता है।

शंकराचार्य संन्यासी थे, वे इसका जवाब नहीं दे पा रहे थे।

भारती ने कहा, 'तो क्या जरूरी है कि संन्यासी बनें और यह आनंद प्राप्त करें ?

चूँकि शंकराचार्य गृहस्थ नहीं थे, उन्हें सेक्स के आनंद का अनुभव नहीं था, अत: वे भारती का उत्तर तत्काल न दे सके, तो उन्होंने इसका जवाब देने के लिए एक महीने का टाइम आउट माँगा। भारती ने टाइम आउट स्वीकार कर लिया।

दावा किया जाता है कि शंकराचार्य ने महेश्वर के पश्चिम दिशा स्थित एक गुफा में अपना शरीर छोड़ा और शिष्यों को वहाँ रुकने के लिए कहा। सूक्ष्म रूप धारण कर वे आकाश में भ्रमण करने लगे। इस दौरान उन्होंने कश्मीर के राजा अमरूक के मृत शरीर को देखा, जिसके आसपास 100 से अधिक सुंदरियाँ विलाप कर रही थीं। तब शंकराचार्य ने सूक्ष्म रूप में राजा के शरीर में प्रवेश किया। राजा को जीवित देख रानियाँ व मंत्री प्रसन्न हो गए। राजा के रूप में उन्होंने काम सँभाला और इसी दौरान उन्होंने कामशास्त्र से संबंधित तथ्यों को जाना, फिर राजा अमरूक के शरीर को छोड़कर गुफा में पहुँचे और अपने मूल शरीर में प्रवेश कर मंडन मिश्र के घर पहुँचे।

उन्होंने माना कि वास्तव में जो भारती कह रही थी, वह सत्य है, लेकिन वह क्षणिक है, जबकि संन्यास से प्राप्त आनंद सदैव रहता है, साथ ही इस क्षणिक आनंद हेतु किसी अन्य व्यक्ति या वस्तु की आवश्यकता होती है, जबकि संन्यासी को किसी बाहरी सहायता की जरूरत नहीं होती।

कथानुसार इसके बाद मंडन मिश्र व भारती शंकर के शिष्य बन कर संन्यासी हो गए।

मुझे यह वृत्तांत अतिशयोक्तिपूर्ण लगता है। इसमें इस घटना को 'दिग्विजय' की तरह पेश किया गया है। मंडन मिश्र जैसे विद्वान् दार्शनिक के साथ उनके शास्त्रार्थ को भी संघर्ष की तरह पेश किया गया है, जिसमें शंकराचार्य को विजेता बताया गया है; लेकिन इसकी संभावना बहुत कम है कि ऐसे महान् वैदिक दार्शनिक ने ऐसा किया होगा, क्योंकि वेदों में 'अहं' या अहंकार को ऐसा ग्रहण बताया गया है, जो ब्रह्म से साक्षात्कार की राह में सबसे बड़ा रोड़ा है। अत: सोचनेवाली बात है कि जो विद्वान् देश भर में वैदिक ज्ञान के प्रचार-प्रसार के लिए निकला हो, वह क्या ऐसे किसी अहंकार का शिकार हो सकता है? अहं तो व्यक्ति को हिंसा-प्रतिहिंसा की तरफ ले जाता है और उसके बाद व्यक्ति संवाद के बजाय विवाद का रास्ता चुनता है, जिसमें किसी की बात सुनी या समझी नहीं जाती, बस काटी जाती है।

लेकिन अब सवाल उठता है कि अगर हर कोई संन्यासी हो गया तो मनुष्य जाति कैसे आगे चलेगी? क्या डायनासोर की भाँति कुछ सौ साल में मनुष्य एक विलुप्त प्रजाति नहीं हो जाएगी?

इसका जवाब गीता में है, जहाँ चार वर्णों और चार आश्रमों की व्याख्या है। आलसी पाठको, जो पन्ने पलटने और ढूँढ़ने में आलस महसूस करते हैं, उनके हेतु हम उसे यहाँ फिर से लिख देते हैं।

पहले चार आश्रम, हालाँकि गीता में आश्रम का ज्यादा वर्णन प्राप्त नहीं होता, लेकिन अन्य शास्त्रों, स्मृतियों, यथा—मनुस्मृति, याज्ञवल्क्य स्मृति में विशेष वर्णन है।

1. ब्रह्मचर्य आश्रम—ब्रह्म या प्रकृति के सभी अंगों का, यथा—सामर्थ्य ज्ञान प्राप्त करना। 2. गृहस्थ आश्रम—मनुष्य जाति की परंपरा लुप्त न हो, अत: संतान पैदा करना, उनका भरण-पोषण एवं शिक्षा का प्रबंध करना। 3. वानप्रस्थ—सेमी रिटायरमेंट, 4. संन्यास अथवा पूर्ण रूप से गृहस्थ कर्तव्यों का त्याग।

चार वर्ण

चातुर्वर्ण्यं मया सृष्टं गुणकर्मविभागशः।
तस्य कर्तारमपि मां विद्ध्यकर्तारमव्ययम्॥ 4.13॥

मनुष्य लोक में ही वर्णाश्रम आदि के कर्मों का अधिकार है, अन्य लोकों में नहीं। यह नियम किस कारण से है, इसे बताने के लिए (अगला श्लोक कहते हैं) अथवा वर्णाश्रम आदि विभाग से युक्त हुए मनुष्य सब प्रकार से मेरे मार्ग का अनुसरण करते हैं, ऐसा आपने कहा, सो नियमपूर्वक वे आपके ही मार्ग का अनुसरण क्यों करते हैं, दूसरे के मार्ग का क्यों नहीं करते? इस पर वे कहते हैं 'ब्राह्मण, क्षत्रिय, वैश्य और शूद्र' इन चारों वर्णों का नाम चातुर्वर्ण्य है। सत्त्व, रज, तम इन तीनों गुणों के विभाग से तथा कर्मों के विभाग से यह चारों वर्ण मुझ ईश्वर द्वारा रचे हुए, बनाए हुए हैं। ये वर्ण क्या हैं? यह केवल भारत का ही नहीं, पूरे विश्व का सत्य है, क्योंकि अनेकानेक पश्चिमी विचारकों ने मनुष्य के चार स्वभाव का जिक्र किया है। जैसे कार्ल गुस्ताव जुंग की 'आर्चीटाइप थ्योरी' में मनुष्यों को चार प्रकार में बाँटा गया है। उसके शब्द भले ही अलग हों, तात्पर्य यही है।

मनुष्य लोक क्या है : इसका अर्थ पृथ्वी लोक से नहीं है। यह केवल मनुष्य समाज से संबंधित है, वरना अगर गीता सचमुच किसी भगवान् ने रची होती तो वह भला अन्य जीवों, पेड़-पौधों को कैसे भूल जाता या नकारता, वह तो उनकी या केवल पृथ्वी की नहीं, ब्रह्मांड की बात करता।

ये चार वर्ण क्या हैं? ये भी मनुष्य के मन की स्थितियाँ ही हैं और कुछ नहीं।

ब्राह्मण : ब्राह्मण यानी जिज्ञासु, जिसे दुनियावी वस्तुओं से अधिक इस बात में रस आता है, यह सोचने में मन लगता है कि जीव क्या है, जीवन क्या है, इस सारे विश्व के अस्तित्व का अर्थ क्या है, यह वजूद में क्यों आया और इसक हश्र क्या होगा? वह खुद के बारे में भी ऐसा सोचता है।

क्षत्रिय : वैसे कोई मनोवृत्ति वाले मनुष्य, जिनका बल या शक्ति के अलावा किसी अन्य बात से कोई लेना-देना हो। इसी मनोवृत्ति के लोग

दुर्योधन, अर्जुन, हिटलर तक बनते हैं। यह मनोवृत्ति जब समूह पर हावी हो जाती है, यानी जब ऐसे लोगों की भीड़ हो जाती है तो यह सेना बन जाती है। जातीयता भी यही है।

वैश्य : तीसरा मन स्थिति है। यह केवल मैनेजर मनोवृत्ति है। पहले ये खेती मैनेज करते थे, अब ऑफिस यथा—डिप्टी कलेक्टर से चपरासी, डॉक्टर, नर्स, वार्ड बॉय, प्रिंसिपल या अध्यापक, ये जहाँ भी होंगे, मैनेजर ही रहेंगे।

शूद्र : शूद्र का जो प्रचलित अर्थ आजकल है, वह गीता के समय शायद न था। इस मनोवृत्ति के लोग श्रमजीवी वर्ग में हैं, यानी वर्कर क्लास। इन्हें न जिज्ञासा है, न बल से मतलब, न मैनेजर बनने की चाह।

आज भी सारी दुनिया में पश्चिम या चीन जैसे साम्यवादी देश में, जिन्होंने जातीयता धर्म को नकार दिया, कहते हैं कि ये चार वर्ण हैं आज भी—

राजनेता : चुने हुए या तानाशाह या कॉरपोरेट टाइकून क्षत्रिय हैं,

वैज्ञानिक : नव-ब्राह्मण,

मैनेजमेंट वाले : वैश्य,

वर्कर : शूद्र।

ये चार तरह के व्यक्ति क्यों होते हैं? एक जैसे क्यों नहीं होते, इसका वर्णन भी है, जो गीता के अध्याय 14, श्लोक 5 में है।

सत्त्वं रजस्तम इति गुणाः प्रकृतिसम्भवाः।
निबध्नन्ति महाबाहो देहे देहिनमव्ययम्॥

कुछ इसी प्रकार की बात कार्ल गुस्ताव जुंग भी करते हैं।

वे इन तीन गुणों को 1. स्त्रैण, 2. मर्दाना, 3. जातीय या एन्सेस्ट्रल (पुरातन) कहते हैं।

मेरा मानना है कि ये सतगुण स्त्रैण ही हैं। महा ज्ञानी चाणक्य ने स्त्री के पाँच गुणों को बताया है 'चाणक्य-नीति' में—1. दया और विनम्रता, 2. धर्म का पालन, 3. संचय करने की प्रवृत्ति, 4. वाणी की मधुरता, तथा 5. साहस। अब तो वैज्ञानिक शोध भी स्त्रियों के इन गुणों की पुष्टि करते हैं।

रजो गुण : पौरुष वृत्ति है, शक्ति व बल से संबंधित।

तमस : एक रिक्तता या गुणविहीन पाशविक मन:स्थिति हो सकती है।

पुरातनता : ये मौलिक छवियाँ बुनियादी पैटर्न या सार्वभौमिक विषयों को प्रतिबिंबित करती हैं।

तो वैज्ञानिक या **नव-ब्राह्मण**—अपने गुण, कर्म और स्वभाव के कारण, जिसको प्रकृति के रहस्य जानने की इच्छा है, वही संन्यास का अधिकारी हो सकता है।

क्षत्रिय : चूँकि गुण, कर्म और स्वभाव से कर्म ही कर सकता है, अत: कर्मयोग उसके लिए उपयुक्त है।

वैश्य व शूद्र : तमस यानी रिक्तता, जिसमें जिज्ञासा नहीं है, केवल हुक्म बजा लाने के गुण, स्वभाव और कर्म के स्वामी हैं, अत: उनके लिए भक्तियोग ही उपयुक्त होगा।

ध्यान देने योग्य बात है, उस समय वर्ण जन्म के आधार पर नहीं थे, बल्कि गुण, कर्म और स्वभाव से निर्धारित होते थे, इसलिए एकलव्य शूद्र नहीं, क्षत्रिय था और वाल्मीकि शूद्र नहीं, ब्राह्मण कहलाए।

सच्चिदानंद

आइए, अब सच्चिदानंद का अर्थ जानें!

यह तीन शब्दों का समूह है—सत्, चित् व आनंद।

सत् का अर्थ है—शाश्वत, टिकाऊ, न परिवर्तित होनेवाला और न समाप्त होनेवाला। इस तथ्य पर मात्र परब्रह्म (ब्रह्मांड/नेचर) ही खरा उतरता है। उसका नियम, अनुशासन, विधान और प्रयास सुस्थिर है। सृष्टि का मूल यही है और परिवर्तन भी प्रकृति का ही एक नियम है, जिसके तहत संपूर्ण ब्रह्मांड चलता है। सृष्टि में महाप्रलय की स्थिति बन जाती है और फिर प्रकृति नवीन सज्जा लेकर प्रकट भी होती रहती है, किंतु नियंता की सत्ता में इससे कोई अंतर नहीं पड़ता। इसलिए परब्रह्म को 'सत्' कहा गया है।

चित् का भाव है—विचारणा, चेतना। मान्यता, भावना, जानकारी आदि इसी के स्वरूप हैं। मानवी अंत:करण में इसे मन, बुद्धि, चित्त और अहंकार

के रूप में देखा जाता है। मनोवैज्ञानिक इसका वर्गीकरण चेतन, अचेतन और विशिष्ट चेतन के रूप में करते हैं। सत्, रज, तम् प्रकृति में भी वही चेतना प्रकट करती हैं और प्रत्यक्ष होती रहती है।

आनंद—आनंद चित् की एक आदर्श स्थिति है, जिसमें दुःख-दर्द, क्रोध या हिंसा के लिए कोई स्थान नहीं है। परम-आनंद को हम मानसिक नशे की तरह समझ सकते हैं।

2. कर्मयोग : कर्म-संन्यास

धर्म को हमने जानने-समझने की कोशिश की तो जाना कि किसी व्यक्ति का धर्म उसके गुण, कर्म और स्वभाव से प्रेरित होता है।

कर्म को आमतौर पर या चलताऊ भाषा में शारीरिक क्रिया कहते हैं, जिसका आशय है—कार्यशीलता, सक्रियता, रचनात्मकता, उद्योग, उद्यमशीलता या प्रवृत्ति; और हम अपने गुण, कर्म व स्वभाव (धर्म) के अनुसार ही काम करते हैं।

संन्यास : यह एक अंतर्निहित भाव है, जो क्रिया से अलगाव, निवृत्ति, चेष्टाहीनता, तटस्थता आदि से जाना जाता है।

गीता में वर्णित कर्म-संन्यासयोग : यह कर्म व संन्यास के मिलन का नाम है। अर्थात् यह न केवल कर्म है, न केवल संन्यास, बल्कि दोनों के बीच की स्थिति है। गीता का क़र्म संन्यासयोग भी इन दो (कर्म व संन्यास) विपरीत धारणाओं के बीच सामंजस्य स्थापित करना ही है, जो सक्रियता अथवा कर्म-व्यस्तता में उत्पन्न होनेवाले तनावों से मुक्ति की युक्ति भी सुझाता है।

यही बुद्ध द्वारा प्रतिपादित मध्यमार्ग या महावीर की वीतरागिता है।

लेकिन कर्म केवल शारीरिक क्रिया नहीं है (गीता); लेकिन सनातन (हिंदू) धर्म में ही नहीं, जैन धर्म में भी मनसा-वाचा-कर्मणा का जिक्र हुआ है। जैन धर्म में इसे मनो गुप्ती, वाचा गुप्ती एवं काया गुप्ती कहा जाता है। यानी कर्म आरंभ होता है सोचने से, विचार उठने से, फिर वाणी से करें या शरीर के अन्य अंग से। यथा—किसी को आदेश दें, यह करो या खुद करें।

कर्म जरूरी है—जीवन के निर्वाह और संसार-चक्र (जन्म-मरण) के चलते रहने हेतु। यह सूचना पाँचवें अध्याय के आरंभिक श्लोकों से ही स्पष्ट हो जाती है—

न हि कश्चित्क्षणमपि जातु तिष्ठत्यकर्मकृत्।
कार्यते ह्यवशः कर्म सर्वः प्रकृतिजैर्गुणैः॥

अर्थात कोई भी मनुष्य किसी भी काल में क्षणमात्र भी बिना कर्म किए नहीं रहता या नहीं रह सकता, क्योंकि सारा मनुष्य समुदाय प्रकृतिजनित गुणों द्वारा परवश हुआ और कर्म करने के लिए बाध्य किया जाता है॥ 5॥

प्रकृतिजनित, यानी आहार, निद्रा, मैथुन के बिना जीवन-यापन संभव नहीं है। और इन तीन प्रकृतिजनित कामों से ही उसे सुख व दुःख—दोनों ही मिल सकते हैं। आहार मिलने से सुख, न मिलने से भूखे रहने का दुःख। आपने अनेक अभिनेताओं को कहते सुना होगा कि आरंभिक दिनों में मैंने बहुत कष्ट उठाए हैं और अनेक बार भूखे पेट फुटपाथ पर सोया हूँ। अभिनेत्रियाँ अपने शोषण या कास्टिंग काउच का जिक्र गाहे-बगाहे करती ही हैं, ऐसा कमोबेश जीवन के हर क्षेत्र में होता है। इसी दुःख से ऊपर उठने, निजात पाने हेतु कर्म-संन्यास की बात आई है।

आगे यह भी कहा गया है कि केवल संन्यास से भी जीवन-यापन संभव नहीं है—

कर्मेन्द्रियाणि संयम्य य आस्ते मनसा स्मरन्।
इन्द्रियार्थान्विमूढात्मा मिथ्याचारः स उच्यते॥

भावार्थ : जो मूढ़ बुद्धि मनुष्य समस्त इंद्रियों को हठपूर्वक ऊपर से रोककर मन से उन इंद्रियों के विषयों का चिंतन करता रहता है, वह मिथ्याचारी अर्थात् दंभी कहा जाता है॥ 6॥

यानी भगवा धारण कर, मन की इच्छा के विपरीत जाकर इंद्रियों को उनके स्वाभाविक (प्रकृतिजनित) प्रकृति द्वारा प्रेरित कार्यों की अवहेलना कर (हठयोग) भी सुख प्राप्त नहीं होता।

न कर्मणामनारम्भान्नैष्कर्म्यं पुरुषोऽश्नुते।
न च संन्यसनादेव सिद्धिं समधिगच्छति॥ 4॥

न कर्मणा मनारम्भा नैष्कर्म्य पुरुषो श्नुते।
न च संन्यासनादेव सिद्धिम समधिगछति ॥ 114॥

अर्थात् न तो कर्म से विमुख होकर कर्मफल से छुटकारा पाया जा सकता है और न केवल संन्यासी बनकर सिद्धि प्राप्त की जा सकती है, क्योंकि भौतिकतावादी मनुष्यों के हृदयों को पवित्र करने के लिए जिन कर्मों का विधान किया गया है, उसमें कर्म से विरत होने से मनुष्य नारायण के समान हो जाता है।

अतः कर्म शरीर हेतु और मन की शांति हेतु संन्यास या वीतरागिता आवश्यक है।

'योगः कर्मसु कौशलम्' : कर्म सदा उद्देश्यपूर्ण होता है, निर्धारित लक्ष्य लेकर किया जाता है और इसमें उस लक्ष्य/उद्देश्य को प्राप्त कर लेने की स्वाभाविक कामना रहती है। सही भी है। उद्देश्य प्रेरित होकर कर्म किया है तो परिणाम भी अनुकूल चाहिए और अगर परिणाम या फल ठीक या अपेक्षित न हो तो कुंठा व दुःख उत्पन्न होगा। उसी दुःख को, उसी दुःख के अनुभव को भोथरा करने के लिए कर्म संन्यास या कर्म-संन्यासयोग को समझना और अपनाना जरूरी हो जाता है। इसे गीता के अनेकानेक श्लोकों में अलग-अलग तरीके से बतलाया गया है।

मुझे सबसे अधिक जिस श्लोक से यह बात समझ आई, वह है—

यस्य सर्वे समारम्भाः कामसङ्कल्पवर्जिताः।
ज्ञानाग्निदग्धकर्माणं तमाहुः पण्डितं बुधाः॥ 19॥

यानी किसी भी काम को हाथ में लेते हुए अगर व्यक्ति दो बातों को समझ ले कि इस काम को पूरा करना केवल मेरे वश में नहीं है, कार्य पूर्ण होना अनेक अन्य बातों पर भी निर्भर है, यथा—डॉक्टर किसी मरीज का सफल निदान कर उस रोग हेतु सबसे कारगर दवा भी दे तो भी मरीज ठीक हो जाए, यह उसके शरीर के एक्शन व रिएक्शन पर भी तो निर्भर करेगा। इसलिए डॉक्टर कहते हैं—'I treat, He cures.'

दूसरी पंक्ति इस कर्म-संन्यास योग को और स्पष्ट कर देती है।

जो व्यक्ति हर कार्य को हाथ में लेते हुए आरंभ करते समय ही अपने ज्ञान-अनुभव द्वारा अपने कर्ता होने के अहंकार को जला डालता है, उसे पंडित (ज्ञानी लोग) बुद्ध (पहुँचा हुआ) कहते हैं।

3. भक्तियोग

भक्त शब्द का अर्थ है—जो विभक्त न हो अर्थात् जिसकी श्रद्धा या विश्वास को खंडित न किया जा सके और जिसे अपने विचार पर अटूट विश्वास हो।

अर्थात् ईश्वर के प्रति उत्कट प्रेम विशेष का नाम ही भक्ति है।

भक्तियोग का मार्ग भाव-प्रधान साधकों के लिए अधिक उपयुक्त माना गया है। इस मार्ग में साधक का चित्त आसानी से एकाग्र हो जाता है। यह मार्ग अति सरल होने के कारण जनसाधारण में काफी लोकप्रिय व प्रचलित है।

भक्तियोग की परिभाषा देते हुए 'नारद भक्तिसूत्र' में कहा गया है—

'सा तस्मिन् परम प्रेमरूपा।' 1/2

अर्थात् प्रभु के प्रति परम प्रेम को भक्ति कहते हैं। 'शांडिल्य भक्ति सूत्र' में भक्ति को परिभाषित करते हुए कहा गया है—

'सा भक्तिः परानुरक्तिरीश्वरे' 1/2

अर्थात् ईश्वर में परम अनुरक्ति भक्ति है। इस प्रकार प्रभु के प्रति अनन्य प्रेम में डूब जाना भक्ति कहलाता है। जैसाकि स्पष्ट हो चुका है कि अपने आराध्य से अनन्य प्रेम का नाम भक्ति है। यह तो निश्चित है कि साधक ईश्वर की भक्ति किसी प्रयोजन से करता है। गीता में भक्ति के प्रयोजन को भक्त के भेद के परिप्रेक्ष्य में आप समझ सकते हैं—

चतुर्विधा भजन्ते मां जतारू सुकृतिनोडर्जुन।
आर्तोजिज्ञासुर्थाथी ज्ञानी च भरतर्षभ॥

—गीता (7/16)

अर्थात् हे भरतवंशी अर्जुन! चार प्रकार के पुण्यशाली मनुष्य मेरा भजन करते हैं, यानी उपासना करते हैं। वे हैं—आर्त, जिज्ञासु, अर्थार्थी तथा ज्ञानी।

असल में भक्तियोग उन लोगों के लिए है, जिन्हें गुण, कर्म और स्वभाव के आधार पर न तो ज्ञान-प्राप्ति की जिज्ञासा है, न ही स्वयं से प्रेरित हो कर्म करने की इच्छा, वे केवल आदेशानुसार ही काम कर सकते हैं। इसी हेतु गीता में चार वर्णों का वर्णन हुआ है। यह अलग बात है कि जिस तरह सत्त्व, रज और तम गुण हर व्यक्ति में होते हैं, केवल उनके अनुपात का अंतर होता है। विज्ञान के अनुसार भी जिस तरह पुरुष और महिला दोनों में ही मेल व फीमेल हार्मोन होते हैं, लेकिन पुरुषों में फीमेल हार्मोन कम व मेल हार्मोन अधिक मात्रा में होते हैं और स्त्रियों में इसके उलट अनुपात होता है। इसी वजह से रजोनिवृत्ति के पश्चात् जब फीमेल हार्मोन कम हो जाने, लेकिन मेल हार्मोन उतने ही रहने से अनुपात बिगड़ता है तो अनेक स्त्रियों में दाढ़ी-मूँछ आ जाती हैं।

अतः जिस व्यक्ति में सेवाभाव के गुण अधिक होंगे, वह भक्तियोग को अपनाएगा और रटेगा।

होहिं हैं सोई जो राम रचिराखा।

हे ईश्वर! दयाँ कुरू—हे ईश्वर दया करो, यानी 'कुरु' का अर्थ हुआ करो।

कहीं अर्जुन अपने मन में कृष्ण से बात तो नहीं कर रहा था, यानी वह स्वयं ही सवाल खड़े कर रहा था, खुद ही जवाब दे रहा था ? ऐसा हम सबके साथ कभी-न-कभी हुआ है और अंत में वह खुद से कह बैठा कि बस अब और सोच-विचार नहीं, लड़ना ही होगा। यानी लड़ूँ या न लड़ूँ की दुविधा द्वंद्व से मुक्त हो गया उसका मन।

संभवतः अब तक हमने जान लिया है कि महाभारत भी एक इशारा-प्रतीक है, यानी युद्ध और यह युद्ध कभी खत्म नहीं होता, क्योंकि यह युद्ध किसी दूसरे से नहीं, बल्कि खुद से है, अपने मन से है, जो युद्ध के लिए नित्य नए कारण तलाश करता रहता है—कभी पत्नी से या पति से, कभी पुत्र या पिता से, दोस्त से बॉस से।

अब अंतिम सार निकला कि हम या तो सांख्य योग, यानी ज्ञान से विश्लेषण कर कर्म-संन्यासीयोगी बनकर अपने कार्य को नियंत्रित कर सकते

हैं, जिससे 'सुखदु:खे समे कृत्वा लाभालाभौ जयाजयौ। ततो युद्धाय युज्यस्व नैवं पापमवाप्स्यसि॥ 2.38॥' भावार्थ—जय-पराजय, लाभ-हानि और सुख-दु:ख को समान समझकर युद्ध के लिए तैयार हो जा, इस प्रकार युद्ध करने से तू पाप को नहीं प्राप्त होगा, पाप नहीं लगेगा, यानी दु:ख प्राप्त नहीं होगा, की स्थिति पा सकते हैं।

या फिर भक्ति से, यथा अगर आपको परीक्षा के लिए जाते हुए चिंता होती है कि पता नहीं कैसा पेपर आएगा आदि-आदि तो माँ कहती है कि तू हनुमान चालीसा पढ़। आप पढ़ने लगते हैं, यानी अपने मन को एक काम दे देते हैं, जिससे वह पहले काम चिंता से दूर हट जाता है। घर में मेहमान आए हैं। आपके और मेहमानों के बच्चे शोर कर रहे हैं, आपको बात नहीं करने दे रहे, तो आप टेलीविजन पर उनका मनपसंद कार्टून चला देते हैं और बच्चे चुपचाप बैठकर कार्टून देखने लग जाते हैं। तो भक्ति मन को एक स्थान से हटाने का कार्य है।

कर्मयोग की श्रेष्ठता

गीता में हालाँकि तीन मुख्य योग एवं योग के कुछ अन्य संभागो का वर्णन है, परंतु मुख्य तौर पर कर्मयोग या यों कहें कर्म-संन्यासयोग को अधिक महत्त्व देती प्रतीत होती है। वैसे सभी योग केवल व्यक्ति को उसकी मंजिल की ओर ले जाने वाले मार्ग ही हैं। हर व्यक्ति को अपने गुण, कर्मस्वभाव के अनुसार मार्ग चुनने की शिक्षा ही गीता की शिक्षा है।

इस बात को हम शंकराचार्य द्वारा योग के अद्वैतवाद, रामानुजाचार्य के विशेष अद्वैतवाद एवं माधवाचार्य के द्वैतवाद के माध्यम से भी आत्मा-परमात्मा के संबंध को समझने की कोशिश कर सकते हैं।

योगदर्शन की पुस्तकों में दो उल्लेखनीय शब्द आते हैं—अद्वैत एवं द्वैत। आइए, समझने की कोशिश करते हैं।

आदि शंकराचार्य ने अद्वैतवाद को स्थापित किया तो आगे चलकर रामानुजाचार्य ने विशेष अद्वैतवाद के सिद्धांत को प्रतिपादित किया, वहीं माधवाचार्य ने इसे भी नहीं माना और द्वैतवाद को प्रतिपादित किया।

तो क्या हैं...

अद्वैत—यानी केवल परमात्मा ही सत्य है, संसार मिथ्या है।

विशेष अद्वैत—परमात्मा सत्य तो है, लेकिन आत्मा भी परमात्मा का विशेष अंग है।

एवं द्वैतवाद—आत्मा व परमात्मा एक नहीं, दो हैं और डॉन ही सत्य हैं।

आइए, हम आधुनिक विज्ञान की कसौटी पर इन तीनों को जानने का प्रयत्न करें।

यदि हम एक बाल्टी में बहुत गरम पानी, दूसरे में बहुत ठंडा पानी और तीसरी बाल्टी में सामान्य कमरे के तापमान का पानी लेते हैं, अब अपना दायाँ हाथ गरम पानी की बाल्टी में डालते हैं तथा बायाँ हाथ ठंडे पानी की बाल्टी में, कुछ देर बाद दोनों हाथ निकालते हैं और सामान्य तापमान वाली बाल्टी में डालते हैं तो हमारे दाएँ हाथ को सामान्य तापमान वाला पानी ठंडे होने की अनुभूति देता है तथा बाएँ हाथ को याही पानी गरम लगता है।

अद्वैतवादी कहते हैं—गरम हो या ठंडा है, तो पानी ही, सो परमात्मा भी एक ही है

लेकिन रामानुजाचार्य के अनुयायी कहेंगे—ठीक हैं तीनों बाल्टियों में पानी है, लेकिन हर बाल्टी का पानी विशेष है अर्थात् एक में गरम, दूसरे में ठंडा और तीसरे में सामान्य तापमान वाला पानी, इस तरह आत्मा भी परमात्मा की विशेष इकाई है।

माधवाचार्य के अनुयायी कहते हैं—मान लिया कि तीनों बाल्टियों में मूल घटक पानी है, लेकिन इनमें ऊर्जा का प्रवेश होने से ठंडा, सामान्य एवं गरम अवस्था आ गई, अतः परमात्मा तो एक है, लेकिन संसार या जगत् भी मिथ्या नहीं, इसका भी उर्जा की तरह अपना स्वतंत्र अस्तित्व है।

यहाँ एक और बात सिद्ध होती है कि जो बात एक हाथ के लिए सत्य है, वह दूसरे के लिए असत्य भी हो सकता है। चूँकि सत्य केवल ज्ञान नहीं है, बल्कि परिस्थितियों पर निर्भर करता है। अब दाएँ हाथ के लिए ज्ञान यह है

कि तीसरी बाल्टी में पानी ठंडा है, जबकि बाएँ हाथ हेतु यह गरम है, हालाँकि दोनों हाथ एक ही व्यक्ति के होते हैं। तो दर्शन पूर्ण सत्य की कल्पना कर रहा है, दूसरी ओर दर्शन इस सत्य को भी जानता है कि परिस्थितियाँ प्रत्येक हाथ से अलग-अलग संवेदना के लिए जिम्मेदार हैं।

अब इस सिद्धांत के प्रकाश में अर्जुन के द्वंद्व को समझने का प्रयत्न करें। अर्जुन कह रहा है—हे भगवान्! मैं अपने सगे-संबंधियों को युद्ध में मारने की इच्छा नहीं रखता, वहीं श्रीकृष्ण उसे बतला रहे हैं, समझा रहे हैं कि जिस व्यक्ति ने जन्म लिया है, उसे मरना ही है और कैसे, कब मरना है, इसके निर्णायक तुम नहीं हो। लेकिन अगर तुम अपने क्षत्रिय स्वभाव को त्याग युद्ध नहीं करोगे तो सारी उम्र मौका गँवा देने और अपने कर्तव्य से भागने का दुःख भोगोगे, पछताओगे। माना तुमने हस्तिनापुर से भी बड़ा राज्य कहीं और बना लिया, तब भी तुम हस्तिनापुर को भूल नहीं पाओगे और तमाम उम्र दुःखी रहोगे।

□

उपसंहार

हमने पहले ही जाना है कि महाभारत एक महाकाव्य है : और काव्य या कविता संकेतों में बात समझाती है। गीता भी काव्य है।

गीता की उत्पत्ति के दृश्य को देखें। युद्ध के मैदान में दोनों सेनाओं के बीचोबीच रथ खड़ा है। रथ में घोड़े जुते हैं। श्रीकृष्ण के हाथों में घोड़ों की लगाम है, पीछे अर्जुन अपने आयुध लिये खड़ा है। आइए, इन प्रतीकों को समझने की कोशिश करें। गांडीव धनुष और अक्षय तूणीर दिए थे। अक्षय तूणीर, यानी जिसमें से तीर कभी खत्म नहीं होते। मन की इच्छाएँ कब खत्म होती हैं।

रथ हमारा शरीर है, घोड़े हमारी इंद्रियाँ हैं। इंद्रियों की लगाम मन के हाथ होती है। मन को नियंत्रित विवेक या बुद्धि करती है तो मन तो हुआ अर्जुन और बुद्धि हुई श्रीकृष्ण तथा दोनों सेनाएँ हमारे मन की दुविधा या द्वंद्व 'उड़न खटोला' फिल्म के गाने की ये पंक्तियाँ शायद मेरी बात स्पष्ट कर दें—

जोश कहता है कि चल और होश कहता है सँभल
किसका कहना मान लूँ, किसका कहना मान लूँ।
मंजिल है मेरे सामने, मंजिल है मेरे सामने
हाले दिल मैं क्या कहूँ।

(दिमाग कहता है मारा जाएगा, लेकिन दिल कहता है देखा जाएगा…)

एक कॉलेज में वक्तव्य के पश्चात् कुछ प्रश्न पूछे गए थे, तीन प्रश्न विशेष लगे—

युद्ध के मैदान में खड़े होकर इतने सवाल-जवाब कैसे संभव?

उत्तर—मित्र, मैं पहले ही कह चुका हूँ कि यह अर्जुन के मन में उठे सवाल हैं। न कोई कृष्ण था, न अर्जुन, यह सवाल भी एक पात्र खुद कर रहा है, जवाब भी खुद दे रहा है। आप जानते हैं, हम सब स्वप्न में केवल कुछ मिनट, कुछ पल में ही कई वर्षों की घटनाएँ देख लेते हैं, तो यह एक द्वंद्व में पड़े व्यक्ति की तंद्रावस्था में हुए सवाल-जवाब हो सकते हैं। गीता के दूसरे अध्याय के श्लोक 66 में शायद इसी स्वप्नावस्था का जिक्र किया गया है।

नास्ति बुद्धिरयुक्तस्य न चायुक्तस्य भावना।
न चाभावयतः शान्तिरशान्तस्य कुतः सुखम्॥ 2.66॥

अयुक्त पुरुष को (आत्म) ज्ञान नहीं होता और अयुक्त को भावना और ध्यान की क्षमता नहीं होती। भावना-रहित पुरुष को शांति नहीं मिलती। अशांत पुरुष को सुख कहाँ मिलेगा!

अयुक्त, यानी जो खुद से जुड़ा हुआ नहीं है या जो खुद से अलग हो गया है। अब खुद से अलग कैसे होगा क्या यह मानें कि खुद से अलग होना संभव है? सच में ऐसा संभव प्रतीत नहीं होता तो इस श्लोक का क्या अर्थ हुआ? संभव है। मान लें, आप अपने घर दिल्ली में सोए हैं और आपको सुबह उठकर मुंबई जाना है। कोई कार्य है मुंबई में, लेकिन उस रात आपको स्वप्न आता है, आप स्वप्न में खुद को मद्रास के रेलवे स्टेशन पर खड़ा पाते हैं और घबरा जाते हैं कि गलत ट्रेन पकड़ ली। शायद आप घबराकर किसी से पूछते हैं कि मुंबई हेतु ट्रेन कब जाएगी? तो क्या अर्जुन स्वप्न में अयुक्त हो युद्ध के मैदान में पहुँच गया और वहाँ कृष्ण भी दीखते हैं उसे स्वप्न में ही, एक विचार कौंधता है या स्वप्न में स्वप्न या तंद्रा में देखता है कि युद्ध समाप्त हो गया और अपने व कौरवों के सभी योद्धा वीरगति को प्राप्त हो गए और वह अकेला खड़ा है। वह अकेलेपन से घबरा जाता है, तंद्रा से बाहर आता है और कृष्ण से कहता है कि वह नहीं लड़ पाएगा। अयुक्त होना शायद स्वप्न देखना है।

प्रश्न—हर व्यक्ति न तो गीता पढ़ सकता है, न लेक्चर सुनाने आ सकता है, न ही पढ़ सकता है, तब उसे आप कैसे गीता सार बतलाएँगे?

उत्तर—एक बार सोच कर मैंने कहा—दोस्त, गीता हरियाणा के कु-रुक्षेत्र में हुई, ऐसा माना जाता है। तो जवाब भी हरियाणवी में छुपा है। गीता कहती है—फल की कामना व वासना (lust) ही दुःख का कारण है अतः इन्हें छोड़ें।

तो इन दो शब्दों की कामना व वासना का संधि विच्छेद करें—

कामना छोड़ें—काम न छोड़ें,

वासना—वास [घर] न छोड़े,

यानी कर्म-संन्यासी बनें।

प्रश्न—आपने कहा कि गीता स्वयं से साक्षात्कार करने का ज्ञान देती है, इसका क्या अर्थ हुआ?

शंकराचार्य कहते हैं कि दूसरे को जानना संभव ही नहीं है तो केवल स्वयं को जानने का प्रयत्न करें। स्वयं को जानने के लिए स्वयं को देखना पड़ेगा। जब हम पहले स्वयं को देखना शुरू करेंगे तो शरीर दिखेगा, फिर भीतर उतरें यानी अपने गुण, कर्म, स्वभाव को जानें। अब अर्जुन जब अपने गुण, कर्म, स्वभाव को देखेगा तो पाएगा कि गुण, कर्म, स्वभाव से वह क्षत्रिय है और क्षत्रिय का काम है युद्ध करना, यही तो श्रीकृष्ण कह रहे हैं।

आत्मा-परमात्मा—जैसे एक पत्थर दिखा कर हम कह सकते हैं कि पहाड़ ऐसा बड़ा पत्थर है, उसी तरह जब हम साधना के माध्यम से मन को मौन स्थिति में ले आते हैं तो हमारी सारी चिंताएँ, द्वेष व क्रोध खत्म हो जाएँगे और जो आनंद मिलेगा, वह अनुभव ही आत्मा है और आत्मा एक इकाई है, परमात्मा, पहाड़ कह सकते हैं, इसीलिए कहते हैं कि ब्रह्म कण-कण में मौजूद है। अतः जब हम आत्मा, यानी स्वयं को जान लेंगे तो परमात्मा को भी जान लेंगे, जैसे पत्थर से पहाड़।

□□□